Tiempo de México

El presidente y sus amadas

El dedo en la llaga

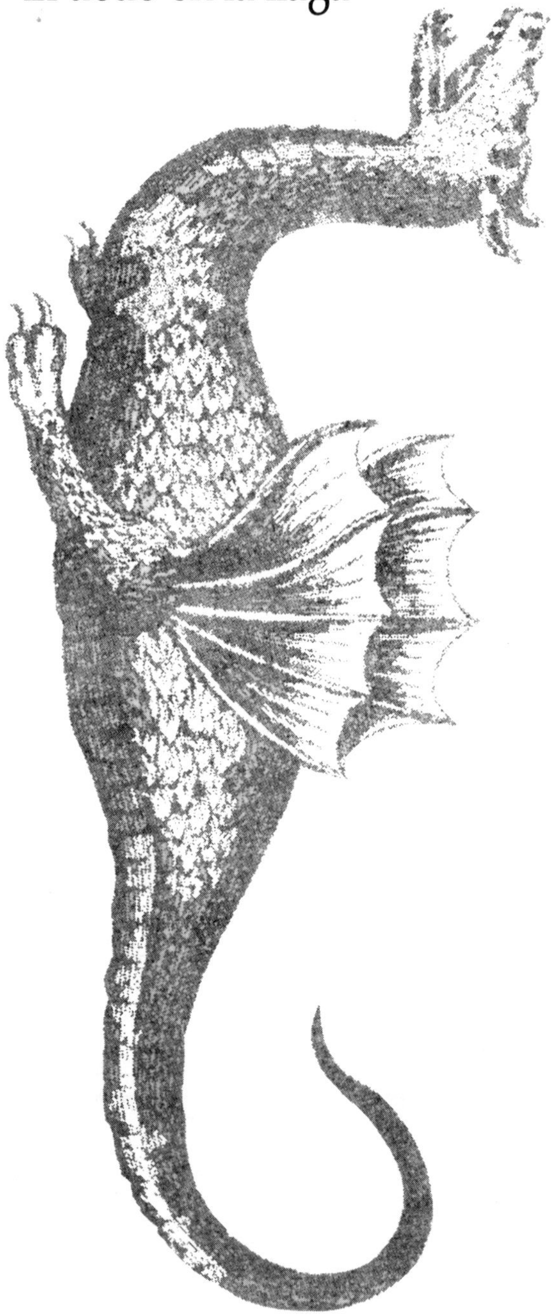

El presidente y sus amadas

Elisa Robledo

OCEANO

EL PRESIDENTE Y SUS AMADAS

D. R. © EDITORIAL OCEANO DE MÉXICO, S.A. de C.V.
Eugenio Sue 59, Colonia Chapultepec Polanco
Miguel Hidalgo, Código Postal 11560, México D.F.
☎ 5279 9000 📠 5279 9006
✉ info@oceano.com.mx

PRIMERA REIMPRESIÓN

ISBN 970-651-644-1

IMPRESO EN MÉXICO / PRINTED IN MEXICO

El entusiasmo y apoyo de mi mejor amigo, mi hijo José Vicente, me impulsaron a realizar este libro que deseo sea del agrado y aceptación de los lectores. Agradezco a mis compañeros periodistas, escritores, conductores de noticias en televisión y reporteros que enriquecieron mis investigaciones para trazar esta sorprendente historia.

ÍNDICE

Prólogo

Este relato se inicia entre las sedosas sábanas de la casa presidencial y se extiende ante el rostro nacional por todos los rincones de México. Es algo real, tan real como para tomarse de la mano con lo increíble. Forma parte y es raíz y motivo de muchos acontecimientos de nuestra historia; toda una leyenda de sustos y sorpresas; de hechos terribles cuya existencia marcó a fuego nuestro tiempo. Ejemplo de cómo fue posible un poder absoluto en medio de las limitaciones de un hombre acorralado y perseguido por la volatilidad de sus emociones en cuyas manos estuvieron íntegras la nación y su futuro.

Esta insultante y grotesca historia de lujuria y machismo íntimo y político está por llegar a término, o al menos su personaje central.

Ahora, cuando la historia y la divina vox populi ya han escrito la crónica de nuestro tiempo, vale la pena reconstruir la arquitectura emocional de aquellos momentos, presentar todos los detalles y datos posibles y comprobables; los testimonios y los rastros de todos los que, directa o indirectamente, dejaron huella en este relato infinito.

María Elisa recabó datos, escuchó y habló con quienes le fue posible. Muchos han solicitado el anonimato para sus confidencias; otros de plano le cerraron la puerta. Ninguno lo hizo por temor a venganzas o represalias: sólo sintieron vergüenza.

La reportera contó con el apoyo de su amiga Ada, una simpática mujer bajita empobrecida por la crisis, que sin embargo, suele encontrar salida a los sinsabores con alguna ocurrencia. Muy solícita, da la pauta para las preguntas que todos nos hacemos respecto a esta crónica de excesos, de alcobas marchitas y amores unidos por la sangre o la lujuria. Trae a colación opiniones, chismes, y sucesos que ha recogido, deseosa de ver con mayor claridad la imagen de un hombre cuya inteligencia se desmoronaba ante la dependiente devoción hacia su hermana o la pasión por sus innumerables amadas.

Ambas decidieron darle rumbo a este esfuerzo editorial con valor y coraje, sabedoras de que ningún otro gobernante de México, ni los virreyes del piso de metal, vieron correr por esta nación los ríos de oro negro convertidos en dólares de una opulencia, de un cuerno de la abundancia a cuya administración se convocaba a un pueblo emocionado y una vez más frustrado por aciagos tiempos posteriores,

Ellas refieren experiencia mezcladas: fidelidades fugaces, enamoramientos, traiciones, reclamaciones, odios, olvidos y desgracias. El poder absoluto en manos del hombre tan atractivo; el conquistador ante cuyo carisma se vencían muros y ventanas; el omnipotente atenazado ahora por los hierros de su propia memoria; la historia de un frívolo enamorado que perdió varios juicios: el suyo y el de la historia.

Rafael Cardona S.
Periodista

La rosa de mil aromas

Las amigas Ada y Elisa echaron a volar la imaginación:

Los niños Luisito Echeverría y Pepito López Portillo cursaban la primaria en la escuela oficial Benito Juárez. Desde entonces, a Pepito le empezaban a gustar las niñas, además de ser muy peleonero: cual Quijote montado en su caballo, defendía fantasiosas causas justas. Hasta le cayó a todo dar el bravucón de Arturito, un prieto que le apodaban el Negro Durazo y que se enorgullecía de ser el más peleonero entre las pandillas de la colonia Roma. En cambio, Luisito era entonces muy callado, y hasta llegó a soñar que sería presidente de la República. Obsesionado con esta meta, perseveró hasta alcanzar el máximo cargo político en su madurez. Y un año antes de dejar la poderosa silla, escogió a su amigo de la infancia, a su compañero abogado, a su hermano del alma: José López Portillo y Pacheco.

–Clarines y clariones. Ni más ni menos que el sagrado dedazo, táctica que usó tanto el PRI en el gobierno, que se le llegó a desgastar por completo: al perder las elecciones de 2000... ¡solamente se quedó chupando el dedo! —comentó Ada, la chaparrita, mientras se disponía a saborear una jugosa sandía en casa de la reportera, después de comer pechugas de pollo en mole con arroz blanco.

–Aunque todos sabíamos de este caprichoso señalamiento, los mandatarios solían decir que el pueblo los escogía, con ese falso disfraz de democráticos. Echeverría nos sorprendió al admitir públicamente en el diario *El Universal*, el 10 de septiembre de 1990, que "la tradición en México es que el mandatario en turno escoja su sucesor", después de "hacer una minuciosa revisión de los candidatos para que no hubiera trastornos en el PRI".

–Qué va, chica, todo estaba fríamente calculado. Debido a esa larga amistad, don Luis pensó que tendría un sucesor confiable. Pero le salió bien canijo el escogido: habráse visto mayor agresión contra su cuate Luis que, en el mero arranque de su lustroso poder, José López Portillo le haya bajado nada menos que a su nuera, Rosa Luz Alegría Escamilla: la esposa de su hijo, Luis Vicente Echeverría.

–A nivel familiar no recuerdo mayor ingratitud a quien te cede el poder en los últimos sexenios.

–Si Jolopo es capaz de tales traiciones a sus amigos, es lógico que las haga con sus mujeres en turno. Excepto con sus adoradas hermanas Margarita y Alicia, que son "su sangre". Lo apodé Jolopo debido a que son las primeras sílabas de su nombre y largo apellido compuesto paterno, así podemos abreviar y ahorrar saliva, Eli —decidió Ada, iluminada.

–Es buena idea. Vamos deshilvanando las historias de cada mujer importante en su vida. Ya que empezamos hablando de Rosa Luz, te comentaré la entrevista que le hizo Denise Maerker en la magnífica serie *Mujeres y Poder*, presentada en el Canal 11, del Instituto Politécnico Nacional.

–¿Y qué pudo haber dicho en su defensa la desdichada Alegría, ya sin luz de poder ni cuento color de rosa?

–Ella contó su verdad. Me pareció interesante que dijo haber sido la menospreciada primogénita, en lugar del ansiado varón que esperaba su padre machista, un médico militar. Por tanto, afirma que desde que nació en el Distrito Federal en 1945 tenía el impulso de demostrar que podía ser tanto o mejor que un hombre. Le disgustaba su condición de mujer, no quería ser como su mamá: una ama de casa. Y para acabarla de amolar, su hermanita rubia y de ojos azules pasó a ser la consentida de su papá, mientras que al nacer el hermano, fue el consentido de su mamá. Total, que Rosa Luz era la desplazada en el cuadro familiar.

–Oye, supe que anduvo en los líos estudiantiles del 68. Era novia de uno de los líderes de ese movimiento en contra del gobierno de Gustavo Díaz Ordaz. ¿También contó ese capítulo de su vida? —preguntó Ada, mientras se limpiaba las manos del jugo de la sandía que se le escapaba entre los dedos.

–Sí. Como preámbulo, afirmó no haber llorado nunca y tener un carácter tremendo: cuando se enojaba, hasta dejaba de respirar para morirse de la rabia. Muy luchona por salir airosa y destacar, una vez que llegó a la Facultad de Ciencias en la UNAM, el llamado Nuevo Grupo izquierdista se acercó a ella para integrarla, de modo que intervino en el periódico mural y en la organización de asambleas. Así, Rosa Luz se inició en la política. Ya muy entrada, sentía la necesidad de hablar en público, de darse a conocer. Sus compañeros decidieron darle una oportunidad. Cuando subió al estrado en el foro repleto de estudiantes, lo primero que gritaron fue: "¡Mucha ropa!". Ella pensó que eran una bola de salvajes, pero también sintió confianza para hablar con desparpajo y logró captar la atención para luego saborear los aplausos.

–Entonces ya era una chava morena muy atractiva. Nada más que le daba por imitar a los apaches, atándose una banda a media frente, del color según la ocasión —dijo la fijona Ada. Hasta ella comentó en alguna ocasión que empleaba cintas porque detestaba desperdiciar cada mañana cinco o diez minutos en su arreglo personal y que sólo usaba rimel para las pestañas. ¿Te acuerdas cuando se puso un listón con los colores patrios para dar el grito la noche del 15 de septiembre en Nueva York, en su calidad de secretaria de Turismo? Quién lo diría, después de militar con el martillo y la hoz, se entrega de lleno al partido tricolor. Oye, cuéntame ya los pormenores del amorío con el líder rojillo.

–Se trata de Marcelino Perelló; fíjate que hasta la fecha se siguen frecuentando. Rosa Luz asegura que es una de las personas más brillantes que ha conocido y que en lugar de esos noviazgos románticos de paseos por el parque, lo acompañaba a las juntas secretas con sus compañeros de partido o a repartir volantes con locatarios de los mercados y, desde luego, participaban muy activamente en el movimiento de 68. Inclusive dice que la primera gran concentración en el Zócalo se planeó en una asamblea que ella organizó.

–¿Así que la novia estuvo muy estoica en el Zócalo, al lado de su Marcelino, pan y vino?

–Resulta que no asistió debido a un pequeño atoroncito. Dijo que su prima la invitó a una merienda tempranera que su amiga María Esther le organizaba a su hijo para despedirlo, ya que se iba a estudiar a París. Rosa Luz pensó en ir más tarde al Zócalo, pero el festejado era nada menos que Luis Vicente Echeverría, quien la cautivó. Ya ni vio el reloj. Lo describe sereno, tranquilo, de voz suave, bajita y pausada, analista profundo, maduro. Un contraste total con la vorágine universitaria que vivía, llena de gritos y pasiones. Sólo veinte días después se casaron y se fueron juntos a París.

–¡Échate ese trompo a la uña! Qué maromas da la vida, una contradicción puntiagudísima: ¿Cómo acepta, de buenas a primeras, casarse con el hijo del secretario de Gobernación, a quien la opinión pública y más yo, Ada la encabronada, lo culpa de ser uno de los responsables directos de la matanza en Tlatelolco?

–Según ella, ni sabía que Luis Vicente era hijo de un secretario, que ni había oído hablar de él y que todo pasó tan rápido, que hasta el día de la boda se presentaron ambas familias.

–Así que el amor no sólo es ciego, sino que hasta se hace tarugo.

–La recién casada recibió las terribles noticias de Tlatelolco en un pequeño departamento en el Barrio Latino de París. Le pesó mucho no haber estado en esa Plaza de las Tres Culturas; pensó que su lugar estaba al lado de sus compañeros en México, de modo que se sintió una traidora, frase textual —señaló Elisa. Ya de regreso, y siendo su suegro presidente de la República, le presentó al secretario de Educación Pública, el ingeniero Víctor Bravo Ahuja, quien al ver que se interesaba por planes de estudios, la nombró asesora científica de la SEP.

–¿De esas asesorías llamadas *aviadurías* por el vulgo, o sea yo? ¿De las que se reparten a los cuates o familiares cuando ya están llenos los cargos picudísimos?

–Rosa Luz dijo que trabajó muy duro; hasta tres turnos por día. Bravo Ahuja tomaba tan en cuenta sus opiniones, que causó una bola de envidias entre el sistema burocrático. Por tanto, se creó el organismo descentralizado Centro para el Estudio de Medios y Procedimientos Avanzados de la Educación, donde ella se integró para no chocar con sus compañeros.

–El titulito está más largo que un tren, ¿cómo te lo aprendiste? Cuántas comisiones, centros y sucursales se crearon para engrosar la masa burocrática, misma que *a hueviux* obligaban a votar por el PRI, so pena de dejarlos sin huesito que roer. Ese centro segurito ya se esfumó, como tantos otros, cuando el presupuesto de las arcas públicas no daba para más.

–Por cierto, ella recuerda que en esa secretaría se hizo una encuesta de opinión pública acerca el candidato más viable para suceder a Echeverría y arrolladoramente salió victorioso Mario Moya Palencia, de modo que cuando resultó que el bueno fue López Portillo, Rosa Luz exclamó sorprendida: "!Ay Chihuahua!" Era el primer secretario de Hacienda que saltaba al trono presidencial.

–Qué agachadones andábamos los mexicanazos que, una vez decidida nuestra fregada suerte, se le llenó el carro de la cargada al afortunado cejudo. Y Moya Palencia, cual muñeco feo, pasó al rincón del olvido en un tris tras. Hasta los partidos oficiales de entonces, el Popular Socialista y el empolvado Auténtico de la Revolución Mexicana lo postularon. Y pa' acabarla, dentro de Acción Nacional hubo pugnas internas, de modo que decidieron no lanzar candidato. Tal fue nuestra suerte: Jolopo único candidato, o sea, que ni pa' dónde voltear.

–Todavía él, muy chistosito, le dijo al historiador Enrique Krauze que si sólo hubiera votado "mi mami por Pepito, con eso ya hubiera ganado". Por cierto, en esas elecciones, Valentín Campa, candidato del Partido Comunista Mexicano obtuvo casi un millón de votos, pero como ese partido no tenía registro oficial, sus votos no contaron.

–Bueno, mejor ya vamos entrándole a mi ansiado asunto, Eli, ¿qué tanto confesó Rosa Luz de su relación con este rey sexenal? —tosió enseguida Ada, atragantada con una semillita de la sandía.

–Mira, para empezar, la entrevistada cuenta que tenía entendido o sospechaba que no la dejaban acercarse a él durante la campaña. Denise le preguntó que si eran los suegros los que no la dejaban acercarse al candidato. Ella sonrió sin decir ni sí, ni no, siguiendo la secuela de Echeverría que no aceptaba ni negaba, sino todo lo contrario.

–Vaya, vaya, tumbaya, Rosa Luz se desentendió de las reglas de sumisión del partido, o sea, que los Echeverría se tenían que echar a un ladito para que los reflectores alumbraran al postulado a quien, si recuerdas, hasta le brillaba la calva entre el borlote de arrimados. Realmente andaba de nuera rebelde, quizá la voz quedita de su marido ya ni la oía.

–Rosa Luz reconoce que cometió un desacato al seguir al candidato único cuando se retiraba a sus aposentos a descansar. Logró alcanzarlo y decirle que deseaba colaborar con él, pero que alguien le había prohibido acercársele. Jolopo aceptó su colaboración, indicándole que se pusiera en contacto con su jefe de campaña, Julio Rodolfo Moctezuma.

–¿Ni le preguntó qué sabía hacer? ¿Bordar, tejer, o qué? ¿Le presumiría que era doctora en ciencias?

María Elisa le explicó que no dio detalles al respecto.

–Bueno, para qué nos hacemos tarugas, Jolopo es muy ojo alegre. Síguele, que todavía no tocas el punto álgido de mi insaciable morbosidad.

–Rosa Luz siguió hablando de trabas que le ponían en su camino hasta que en Nayarit, al fin le dieron chance de hablar por la tarde, durante una reunión de mujeres. Durante el receso de la comida estuvo espere, espere y espere a que la llamaran y nada. El cortejo del candidato se fue al teatro sin decirle ni agua va, por lo que dedujo que tenían intención de quemarla con el candidato. Desesperada, corrió cuatro cuadras para llegar a la reunión, sudando. Y taran-tan-tan, logró llegar al ansiado podio. En su turno, comentó lo más relevante que dijeron las otras conferencistas, más lo que salió de su cosecha, recibiendo una fuerte ovación. En otra conferencia acerca de la reforma educativa dice que tuvo tal éxito, que el principal orador ya ni dijo nada, sólo que "avalaba lo que Rosa Lúcida había dicho". Y de ahí en adelante, el candidato oficial decidió que hablara en todas las reuniones.

–Imagínate el regalazo que recibía Rosa a su ego: competía con el mundo varonil, cuando las mujeres apenas empezaban a descollar en la política. Y la tentación de viajar con el candidato por doquier...

–Y échale candela, ella opinó que Jolopo le parecía "sensacional, impresionante, monumental, con una gran sinceridad, con un gran aplomo, caballeroso, de gran generosidad y con una honestidad intelectual maravillosa". A esta retahíla de halagos agregó que nunca en su vida había recibido un reconocimiento a su capacidad con "tanta espontaneidad, con tanta sinceridad, sin ninguna inseguridad, sin dejo de celos o envidia, para nada". ¿Qué tal?

–¡Jesús de Veracruz! Cayó redonda ante las cegadoras irradiaciones que Jolopo despedía. Y no nomás ella, acuérdate que la mayoría andábamos sintiendo cosquillas con sus discursos. Nos sonaban a pura poesía. Hasta opinamos que era el más galán de los precisos, aún cuando López Mateos era un papucho. No'mbre, y cuando llora en su toma de posesión, con aquello de que "a los marginados y a los desposeídos, si algo pudiera pedirles, sería perdón, por no haber acertado todavía, a sacarlos de su postración", muchos chillaron junto con él. Me aprendí de memoria la frase debido a que mi tía Eduviges, la más jodida de la familia, la escribió en un cartoncillo con letras de diamantina dorada y lo colocó en su altar, junto a la figura de San Judas Tadeo y la Virgen de Guadalupe. Con el humo de tanta veladora, primero se le ahumó y luego se achicharró, sin que le llegara ni un méndigo centavo de parte de papá gobierno.

–Oye, precisamente Rosa Luz dijo que en lo que más le ayudaba al preciso era en elaborar sus discursos y respecto a ése, que leyó el día primero de diciembre de 1976, ella dio estructura a sus ideas, palabras y notas. Recordó emocionada cuando, en el Palacio Legislativo, él lo iba leyendo "con su voz sensacional, aterciopelada, era verdaderamente una delicia para mí, yo que conocía ese discurso de memoria, punto por punto". Enseguida suspiró. Fue en ese momento, cuando la entrevistadora del Canal 11 lanzó derecha la flecha: "Se dijo y se dice que tú y José López Portillo fueron amantes, ¿es cierto?" Rosa Luz contestó: "Sí, lo dicen... pero considero que siendo funcionaria pública, estás obligada a manifestarte públicamente respecto a cualquier tema que te toque, pero siendo particular, tienes derecho a tu vida privada, a guardarla privada, mi vida privada es privada" —repitió textualmente Elisa.

–¡Vaya! Ada sí que se queda privada. Nótese que le dio vuelta a la pregunta, muy política la chava. ¿Y en qué mundo vive ella? Aquí y en cualquier otro país, quien ocupa un cargo público, está constantemente en la mira. Debido a que ignoramos las vidas privadas de los funcionarios, luego nos sale el chirrión por el palito: después de que van a dar a la cárcel o ya huyeron del país con la lana de la nación nos enteramos de su negro pasado.

–Así es. Te cuento que para disipar la alta tensión, la entrevistadora dijo que esas habladurías eran parte de un "sueño colectivo, más que una forma crítica". Rosa Luz comentó que probablemente era cierto: "Yo sentía esa crítica, lo que suelen decir por ahí, acerca de cualquier mujer que destaca, de ah, claro, por eso la hizo secretaria de Estado; si así fuera... ¡habría muchas secretarias de Estado!" Y soltaron la risa con la jocosa puntada.

–Bueno, yo por lo menos, le oí a unos funcionarios de la Secretaría de Turismo, que al terminar un acto al que asistió Jolopo, luego bajó con ella a su oficina para tener una reunión privadísima, mientras su ola de guaruras andaban como moscos zumbadores en los pasillos. Y también, en el hotel Emperador en el puerto de Veracruz, unos empleados me contaron que ambos alquilaron la suite presidencial y que ¡pácatelas!, se les apareció Carmen Romano, la esposa del preciso, quien armó tal dramón, que no pudo pasar desapercibido. Claro, a mí nada de esto me consta porque no soy box-spring, pero ¡uf! este tipo de rumores y chismes eran el pan de cada día.

–Ni te vayas tan lejos. El mismísimo José López Portillo y Pacheco publicó en 1997, su libro *Umbrales. Revelaciones de un presidente que ha traspasado las puertas de la muerte, el amor y el poder* (editorial Patria), en el cual aseguró que "con franqueza, yo estaría en olor de santidad, si no fuera por la pasión al templo de Venus que se me desarrolló con el demonio del mediodía, a los cuarenta años", o sea, que a los pocos años de casado le era ya infiel a su esposa Carmen. ¿Cómo te quedó el ojo?

–Cuadrado —respondió en un santiamén la chaparrita.

–Y si le agregas aquella afirmación que hizo: "Fui muy macho, acepté el prestigio del machismo y lo viví intensamente, respondiendo a todos los retos y con la terquedad del niño, la arrogancia del joven y la necedad del viejo, jamás me rajaré. Palabra de macho". Pues ahí incluye toda clase de actos machistas.

–Tenemos mucha tela de dónde cortar. ¿Te comentó algo de su nombramiento en Turismo?

–Ella opinó que "no era políticamente correcto, no estábamos preparados para tener una mujer como secretario de Estado, era chocante para el país".

–Me parece una excusa muy debilucha, si ya había ganado la gubernatura de Colima la señorona, poeta y fiel defensora de las mujeres, Griselda Álvarez, durante el sexenio de Jolopo. Y me haces favor de quitarte el sombrero o hagas una leve caravana cada vez que la mencione, ¿okey?

–Tenéis razón. Lo que son las cosas, doña Griselda relata en sus deliciosas memorias como primera gobernadora, tituladas *Cuesta arriba*, que ella, ilusionada, hizo un sondeo para ver si contaba con la simpatía de altos dirigentes. El entonces secretario de Gobernación en 1979, Jesús Reyes Heroles, le dijo que el país no aceptaría mujeres gobernadoras y que los hombres de Colima no la dejarían llegar. Se equivocó de todas, todas. Jolopo se hizo el desentendido y sólo le dijo: "Hable con quien debe de hablar. Hable con el pueblo". Griselda salió triunfante y dejó una huella muy digna a su paso.

–Yo creo que, en cambio, Rosa Luz no estaba a gusto con la turisteada en la secretaría, como que la mandaban a paseo...

–En efecto, admitió que deseaba seguir como coordinadora del Sistema de Evaluación de la Presidencia de la República. Dijo que tenía mucho poder porque el presidente la escuchaba y hasta los secretarios de Estado le tenían miedo. Estaba llena de energía, viviendo intensamente la realidad del país y queriendo aportar algo, cuestión que sentía el resto del gabinete y, por tanto, ella recibió infinidad de ataques y presiones. "Había desarrollado cierta habilidad para defenderme, el respaldo que me daba el señor presidente era sensacional, tenía acceso a él como nadie más", aseguró Rosa Luz. Inclusive, el mandatario le indicó que fuera más discreta en sus opiniones con lo que no le parecía y que mejor los comentarios los hicieran en privado.

–¡Ay, lo que nos pasa a las mujeres por boconas! La echaron a un ladito, con un premio de consolación —opinó Ada, la malcriada.

–Al preguntarle que si esto lo sintió como un distanciamiento, ella respondió: "Siento que la presión del gabinete es tal, no quieren que esté tan cerca, hay movimientos subterráneos para quitarme de esa posición. No lo debía decir, yo le reclamé al presidente el por qué me enviaba a ese sector si yo quería estar donde estaba". Le contestó: "Lo que menos me imaginé es que tuviera que pedir disculpas por haberte hecho secretaria de Estado". Y Rosa Luz, ya muy sumisa, se disculpó y le indica que lo haría lo mejor posible.

–Y al cabo de tanta entrega, sudor y lágrimas, acaba el sexenio y la luz y alegría se le van apagando, sin encender alguna llamita por otro laredo...

–Afirmó haber estado tan ensoberbecida que sintió haber tenido la capacidad para ocupar mayores cargos en el gobierno, pero nunca hizo grupo político para un futuro: "Siempre fui parte del grupo del señor presidente, no pensé en hacer otras alianzas; tal vez por eso les daba miedo a todos, porque no hice grupo absolutamente con nadie más que con él; mi lealtad era total, absoluta y sin ambajes hacia el presidente de la República".

–¿Y cómo se sintió al finalizar ese sexenio, cuando Jolopo se encerró meses en Los Pinos para esconder sus fracasos?

–Expresa que sintió rabia e impotencia de no poderlo ayudar para revertir la crisis; ya estaba encima la sucesión presidencial. Y luego no pudo llevar una relación con quien dejó de ser presidente y su jefe: "Ya no sentía que le podía ser útil, ya no le podía servir, trabajar con él era la parte más importante de la relación". Y se queda "un poco como en el limbo, lo seguí viendo un par de meses, hasta que se fue a Europa".

–De ese limbo político no ha logrado encontrar una lucecita que la guíe ¿verdad?

–Ajá. Dijo que Miguel de la Madrid la mandó llamar para decirle que tenía mucho interés en que colaborara con él. Pasó un año, dos, tres, cuatro y nada, como que le puso un cuatro.

–Así era Miguel de la Madrid: prometía el oro y el moro, huesotes a raudales y acababa haciéndose el desententido. Afirman los ensayistas políticos que él es el creador del PRD, debido a que no dio los puestos prometidos o ansiados a Cuauhtémoc Cárdenas y Porfirio Muñoz Ledo. Pero ambos se las han arreglado para vivir del presupuesto gubernamental, mientras Rosa Luz no ha encontrado el caminito...

–No, ni siquiera porque cuenta con licenciaturas en arquitectura y filosofía, más un doctorado en ciencias. Comentó que cuando llegó al poder Carlos Salinas, dedujo: "Hasta ahí llegué. No me va a perdonar nunca en la vida que yo hubiera sido subsecretaria de Evaluación de la Secretaría de Programación y Presupuesto, mientras él era director general y que hubiera tenido que estudiar mi modelo matricial matemático de planeación; fue el único que lo entendió y pudo manejar".

–¿Que-e-é? ¿Matri qué? Por eso nadie entendía que pasaba con nuestros dineritos. Claro, ese chaparro pelón que apenas alcanza mi estatura, no sólo manejó ese modelito que no se entiende ni maiz palomas, sino a todos nosotros, que otra vez, sin aprender nadita de los golpazos del pasado, creímos que llegaba el salvador de almas empobrecidas. Bueno, que le quede de consuelo a Rosa Luz que todos fuimos unos ilusos damnificados, nomás que ella anduvo entre los candiles del poder y el golpazo debe ser mucho más fuerte. No sé cómo puede halagar a Jolopo a estas alturas si yo creo, en mi humilde opinión, que la consentía mientras le era útil y luego, la desechó cual klinex.

–Rosa Luz tomó una actitud de agradecimiento. De hecho, afirma que no se arrepiente de su pasado. Pero también confesó haber tenido una crisis tremenda de seis semanas. Perdió contacto con la realidad, sintió que para ella todo había terminado y como su hijo estaba en la etapa difícil de la adolescencia, de rechazo a la autoridad, dedujo que su momento había terminado, sin nada que hacer ni a quien servir. Pero salió de ese hoyo y ahora agradece a la vida por los privilegios que le ha dado.

–Dicen que tiene arranques muy agresivos. ¿Tendrá un buen colchón económico?

–En esa entrevista no abordaron el tema. Pero tengo aquí otras declaraciones que Rosa Luz dio en abril de 1986 (cuatro años después de dejar su cargo como funcionaria de gobierno) a la reportera Ligia Ochoa para la revista *Contenido*, donde habló de sus finanzas, el rompimiento de su marido y fecha en que conoció a Jolopo.

–Mejor, para contar con más testimonios.

–Ahí indica que en 1973 nació el único hijo de ella, Pedro Luis, apodado Garbancito. Poco después se separó de su marido Luis Vicente, tras reconocer la incompatibilidad de caracteres, pero el hecho fue tan amistoso que doña Esther Zuno, quien deseaba tener cerca al nieto, invitó a la exnuera a vivir en Los Pinos. A José López Portillo lo conoció Alegría cuando tenía el cargo de subsecretario de Patrimonio Nacional y estaba embarazada: la joven funcionaria de la Secretaría de Educación tuvo que verlo un día para solicitarle la autorización para comprar unos terrenos destinados a erigir las oficinas de la dependencia que ella comandaba, pero en ese momento la relación no profundizó.

–Hasta que le entró a la campaña...

–Sucedió tres años más tarde, cuando Rosa Luz ya se había separado del marido, de quien se divorció hasta 1984. Cuando la reportera le preguntó si este presidente estuvo o está enamorado de ella, sólo respondió: "Pregúnteselo a él". Reconoció que le hizo algunos regalos personales, como por ejemplo, rosas rojas. ¿Le regaló López Portillo el Mercedes Benz que usted posee? Insistió la reportera, a lo que Alegría sólo dijo: "Me lo regalaron". Además, afirmó tener entonces un departamento en Acapulco, un terreno en San Ángel donde estaba construyendo una casa con lo que pudo ahorrar de sus sueldos como funcionaria, un Datsun y un Ford 70 que conserva por haber sido su primer auto. Aclaró que pudo ahorrar debido a que su exmarido sostuvo y aún sostenía los gastos de su casa y de su hijo. La casa en San Jerónimo donde vivía en 1986 (antes era propiedad de los Echeverría) fue puesta a nombre de su hijo.

–Siquiera supo administrar su dinero. ¿A poco ya no trabajaba?

–Sí, fue ensayista, pero en 1985, la dirección de la revista *Siempre!* interrumpió abruptamente una serie de artículos suyos porque la virulenta polémica que se había entablado entre ella y otras dos colaboradoras, Margarita Michelena y Manú Dornbierer, comenzaba a parecer pleito de comadres: "No pienso desperdiciar un instante más en escarceos con oligofrénicas ni liliputenses", escribió la disgustada Alegría en su último artículo, el cual le fue rechazado. Después de su fracaso periodístico, formó en su casa una asociación civil llamada JUSOL (Justicia y Solidaridad) avocada a investigaciones para mejorar la comunicación entre gobernantes y gobernados. Mas, con el paso del tiempo, su figura se ha ido borrando en la memoria política.

–La que segurito quiso borrarla del mapa fue Carmen Romano, una esposa de aparador. En cambio, Esther Zuno supo manejar muy bien su relación matrimonial con Luis Echeverría.

–¡Qué diferentes eran estas primeras damas!

–Polos opuestos. Esther era sencilla y hacía una gran labor social a favor de los indígenas, a quienes acariciaba y abrazaba. En cambio a Carmen le daba asco que la tocaran esas humildes personas. La esposa de un funcionario, quien colaboró como voluntaria con ambas, me contó que durante una gira, la sangrona señora Romano pidió un pañuelo para limpiarse la mano cuando un indito se la tocó; y cuando le acercaron a un niño deforme, gritó a sus ayudantes: "¡Quítenlo de aquí!" Qué poca... sensibilidad. Oye, Eli, tú que entrevistaste en exclusiva a doña Esther para la revista *Contenido*, años después de dejar el poder, ¿cómo la viste realmente?

–Guardo un grato recuerdo de esa sincera charla que tuvo lugar en sus viveros Los Laureles, en Cuernavaca. Mientras nos preparan un café, voy buscar ese testimonio en mis archivos.

Tras encontrar el ansiado folder, la reportera regresó al comedor para revivir el encuentro:

–Doña Esther rompió con un largo silencio en febrero de 1987, once años después del mandato de su marido. Primero me habló con mucho entusiasmo de sus cultivos hidropónicos de pepinos japoneses y otras plantas, en una superficie de 10,500 metros e iba presentándome a los "compañeros", sus jardineros y agricultores. Comentó que también disfrutaba una casa en Ixtapa, su playa favorita, pero sobretodo, a sus ocho hijos (seis hombres y dos mujeres) con las respectivas familias, estando más unidos que nunca. Con ellos, aseguró, compartía hasta los chistes del sexenio de su marido, sin perder el sentido del humor. Reconoció fallas, errores y triunfos. No añoraba el poder: estaba consciente de que sólo duraba un sexenio debido a que provenía de una familia de políticos; desde chica oía tanto alabanzas como críticas a su padre, José Guadalupe Zuno (gobernador de Jalisco), de modo que estaba preparada para recibir ataques y seguir sabiendo qué terreno pisaba. Hizo una comparación: "La mujer que se casa con un boxeador no debe llorar porque su marido haya recibido muchas trompadas. Es lógico. Tiene una que estar ubicada en su realidad".

–No perdió el equilibrio. ¿Y qué concepto tenía de los López Portillo?

–Fui entrando en el asunto pian-pianito, porque me había advertido que solamente hablaríamos de los viveros, de modo que se me ocurrió comentarle que a los presidentes se les atribuyen una o varias amantes, que cómo le había hecho ella para que no ocurriera esto con su marido. Con una sonrisa de satisfacción, contestó: "Para que vea, cualquiera podía constatar cómo trabajaba Echeverría. Tenía el tiempo libre contado para disfrutar a sus hijos y estar conmigo. A los machitos les encanta atribuirles amantes a los presidentes porque así es más fácil justificar las de ellos. Bueno, mejor hablemos de cuestiones positivas: la respuesta de la mujer mexicana fue increíble cuando le pedí ayuda voluntaria. Hay que tener en cuenta que por la mujer se ganó la Independencia, por la mujer se ganó la Revolución y cuando al hombre le faltan pantalones, la mujer se los pone".

Ada aplaudió el comentario. A nosotras, por ejemplo, ni cus-cus nos da despepitar las desnudas verdades. ¿Y luego?

–Le pregunté que, después de padecer la época dura del terrorismo que les tocó, cómo veía la situación en el país, a lo que respondió: "La situación en México no ha mejorado, ha empeorado. Vea toda esa serie de asaltos a bancos, la gente está con miedo de que les roben en sus casas, de que los asalten. Nos estamos empobreciendo más. Estamos en crisis. No creo decir nada nuevo al respecto".

–Cualquier parecido con la cruda realidad actual no es coincidencia.

–Ni más ni menos. ¿Y qué le pareció el gobierno de López Portillo? Pregunté directo. En ese momento, doña Esther apretó los labios para sellarlos y mejor volteó hacia los jardines, mientras emitía un leve chiflido para darme a entender que no había oído la pregunta. Pero lo que más me conmovió fue cuando ese entusiasmo por defender lo suyo, se le quebró ante la pregunta: ¿Sus hijos sufren por los ataques a su padre? "Mis hijos son extraordinarios, han sabido aceptarlos, aunque desde luego les afecta:

son ataques a un ser en quien confían, a quien quieren. Y no sólo los hijos, también los nietos". Pero enseguida se le quebró la voz y tuvo que respirar profundamente para recuperarla. Sus ojos se tornaron vidriosos al contener las lágrimas. Se abrió un silencio hasta que recobró su entereza. No me atreví a abordar el tema de Rosa Luz y su ruptura con Luis Vicente. La respuesta sería obvia, otra de tantas agresiones recibidas.

–Además de ésta, ¿qué otras penas padecería durante el sexenio?

–Afirmó que el dolor más grande fue el secuestro político de su padre. En esa época, claro, no sabía que vendrían otros al dejar la presidencia: el encarcelamiento de Rubén en Estados Unidos, uno de sus once hermanos, y el más duro, la muerte de su hijo Rodolfo, ahogado en una piscina. De ahí en adelante, el temple se fue doblando, hasta su muerte, en diciembre de 1999.

–Vi en los periódicos que la velaron en su casa de San Jerónimo Lídice. Su ataúd estaba abierto: su rostro tranquilo, ataviada con un traje de tehuana. Tenía colocada la bandera de México —recordó Ada, bien informada.

–Edmundo Domínguez Aragonés, admirador de esta mujer tapatía, emitió una sabia frase en la revista *Época*: "Todo ha terminado para ella, las alegrías, los sufrimientos, las frustraciones, la traición y las cortesanías...".

–En el velorio estuvieron presentes Jolopo al lado de Echeverría, Ernesto Zedillo y el perdedor de la presidencia, Francisco Labastida Ochoa. Por respeto a la difunta que hizo tanto bien, la llamada "familia revolucionaria" se desentendió de pasados fregadazos.

–Sí, pienso que se necesita tener un hígado a toda prueba para que Echeverría pueda soportar la presencia de López Portillo. Recuerdo que en enero de 1984 se publicaron las primicias del libro de Luis Suárez: *Echeverría en el sexenio de López Portillo*, en el cual don Luis hace reproches y recriminaciones a la política petrolera y también a diversas actitudes públicas desmoralizadoras de su sucesor. Unos días después, aparece un recado que no lleva firma, o sea, cobarde. Pero todos los abusados mexicanos atinamos enseguida con el autor debido a que provenía de Roma, en el invierno de 1984, cuando Jolopo andaba huyendo del desprestigio, refugiado en Europa. El texto era simple: "¡¡¿Tú también, Luis?!!" El responsable de la publicación fue Francisco Galindo Ochoa, quien fuera el director de Comunicación Social en la presidencia de López Portillo.

–Se le olvidó a Jolopo mirarse en el espejo. En cuanto se acomoda en la silla presidencial, nombra embajador "extraordinario y plenipotenciario de México" a Echeverría, título muy rimbombante para darle la patada y mandarlo al exilio involuntario. Y desde su primer informe manifiesta que él solito decide y decidirá, sin que nadie influya en sus decisiones. ¿Te acuerdas Eli?

–A pesar de que estaba muy entusiasmado en cuidar y perfeccionar su Centro de Estudios del Tercer Mundo, ¡a don Luis lo mandaron hasta Australia! Analistas políticos se refirieron con frecuencia a las fricciones entre ambos.

–Y no pasemos por alto que en el gobierno de Jolopo, se ordenó la detención de Félix Barra, exsecretario de la Reforma Agraria en el sexenio echeverrista y luego se deshizo de Carlos Sansores Pérez, de Hugo Cervantes del Río y el exsecretario de Comunicaciones y Transportes, Eugenio Méndez Docurro, lo encarcelaron acusado de fraude y pronto salió libre al pagar el monto del que se le acusaba.

–Por un lado ellos y por supuesto que por el otro, ellas: Doña Esther y Carmen. Recuerdo que en julio de 1993, cuando entrevisté a Jolopo, quien acababa de publicar el libro *Dinámica Política de México 1. Vector Indio*, llegué a la llamada Colina del Perro en Cuajimalpa, acompañada de mi querido amigo, el ingenioso epigramista Pancho Liguori, quien quería saludar al expresidente. Al finalizar la charla, Liguori intentó hacer reír a Jolopo, recordándole que al final de su sexenio, se sabía de ciertas diferencias entre él y don Luis Echeverría, por lo que se deduce que las respectivas esposas intervinieron. Y soltó su crónica rimada con voz ronca y sonora:

Detrás de cada gran hombre
hay una digna mujer
que en los campos del poder
deja huella de su nombre.
De ahí que nadie se asombre
de lo que traen entre manos
dos próceres mexicanos
con temas ya inoportunos:
¡uno habló como los zunos
y otro como los romanos!

–Don José no se rió. Simplemente dijo: "Pinche Pancho" —recordó la reportera.

–En 1993, Jolopo tenía 73 años de edad, —hizo cuentas Ada. ¿Todavía se le veía bien de salud?

–Fíjate que no. Aunque él dijo que estaba "vigoroso", caminaba encorvado, despacio. Me presumió: "A diario hago dos mil lagartijas (ejercicios abdominales), aunque ahora estoy en receso a causa de una intervención quirúrgica en la columna vertebral, debido a una caída del caballo hace años, que ahora se me recrudeció". Yo todavía incrédula, le pregunté si de veras hacía dos mil lagartijas o que si sólo era un decir, y molesto, enfatizó: "Hago esa cantidad, me lo crea o no".

–Yo francamente pienso que ni Charles Atlas era capaz de tanta friega abdominal. Cuando yo hago 30 me quedo tirada cual sábana de muerto.

–Mira, también observa la letra casi ilegible en la dedicatoria que me puso al obsequiarme este libro del *Vector Indio*. Se le nota convalecencia, decrepitud. Por último, al despedirnos, nos mostró que tenía exhibido a la entrada de su casa un retrato que él mismo pintó de su esposa Sasha Montenegro. El exmandatario nos pidió que observáramos que en las pupilas había delineado su figura, "viéndose como el niño de sus ojos". Un tanto en confianza, comentó: "Es brava la serbia, es brava." Enamorado, le dedicó ese libro a Sasha y a sus hijos Nabila y Alejandro, "mi felicidad actual".

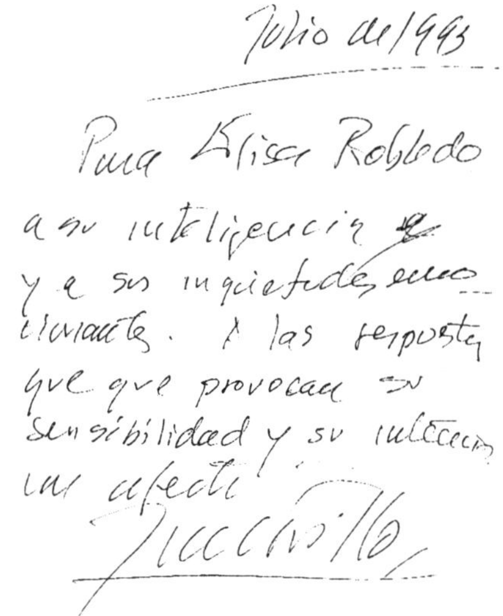
Julio de 1993
Para Elisa Robledo
a su inteligencia y a sus inquietudes [illegible]. A las respuestas que que provocan su sensibilidad y su inteligencia mi afecto
[illegible]

Síntesis del estudio psicografológico de José López Portillo y Pacheco: Rendimiento intelectual superior (entre 120 y 129). Tiende a enfatizar la calidad, no la cantidad; existe resistencia a abrirse y a aceptar al otro. La capacidad de autocrítica es negativa, hay obstinación, fomenta la discusión, crea obstáculos tanto para él mismo como para los demás. Imaginativo, vive en un mundo fantaseado por él en el que alivia sus conflictos internos. Dificultad de adaptación, actitudes de oposición, de severidad, siendo intransigente y dogmático, expansivo y dominante. En caso de no canalizar la energía interna se incrementa la ansiedad y las descargas agresivas podrían ser graves. La escritura indica un alto desarrollo intelectual y un pobre desarrollo emocional. Exaltación de la personalidad y tendencia expansiva del Yo, del tipo de la megalomanía. En ese año de 1993, se notan secuelas de un accidente vascular cerebral.

Olivia Hernández Landa García, perito en psicología, psicografología y documentoscopía. Auxiliar del H. Tribunal Superior de Justicia del D. F. desde 1974 a la fecha.

CARMEN, LA DE RONDA

Quizá pocos recuerden un contraste ofensivo para nuestro país. En un conjunto de cinco casas y jardines que cubrían una hectárea en la colonia Florida, al sur del Distrito Federal, Carmen Romano de López Portillo organizó un gran bazar, donde remataba toda una fortuna en regalazos recibidos por diversos gobiernos del mundo, funcionarios y amistades, justo en el tiempo en que la ciudad de México sufría la devastadora tragedia del temblor de ocho grados que dejó tanta destrucción y muerte aquella mañana del jueves 19 de septiembre de 1985. Mas ella no se tentó el corazón. Durante un mes vendió tesoros que podrían ser acervo de la nación, llevándose las ganancias al bolsillo para costear lujos y viajes al extranjero, ajena a la conciencia civil, humana, solidaria. Ni un quinto de ayuda a los desposeídos, a aquellos a los que tanto dijo su marido que les debía.

Así fue. Como primera dama, derrochaba el dinero de la nación mientras decía: "Para erradicar la pobreza, se requiere de una voluntad política profunda que conciba cultura y bienestar social".

Elisa quiso ahondar más en los procederes de esta señora, responder a las razones que motivaron sus ambiciones. Y decidió empezar por investigar sus orígenes. Hizo planes para viajar a Tlapa, en Guerrero, la tierra de los Romano Guillemín. Se enteró que la ruta más corta para llegar a este pueblo, enclavado en la región denominada La Montaña, es por la carretera que atraviesa Puebla: un recorrido de poco más de siete horas. Llamó a Ada para pedirle que la acompañara, pero ella andaba muy ocupada debido a que acababa de conseguir un nuevo trabajo, de modo que sólo pudo aconsejarle:

–Cuídate de los asaltos. Guarda tu dinero en el portabusto, en un calcetín o hasta en los chones y caray, cuatita, te deseo la mejor de las suertes. Llámame en cuanto regreses, para saber cómo te fue y me desembuches todo lo averiguado. Oye, estoy muy picada con el libro que me recomendaste sobre la suerte de las consortes de los virreyes y presidentes de México. Ayer me desvelé tanto que amanecí con los ojos de conejo lampareado. ¡Feliz viaje!

Armada del valor que otorga la curiosidad, Elisa repartió el dinero en una cangurera, en los tenis y en la bolsa del abrigo. Llegó a la terminal de camiones Tapo en la noche del jueves 24 de enero del año 2000 y abordó el autobús Cristóbal Colón a las 10 de la noche. Dormitó en el camino y a las cinco y veinte de la madrugada llegó a su destino, cuando aún negra era la noche. Bajó del autobús y caminó por las calles de terracería.

Entre la penumbra, divisó Posada del Sol: un sencillo hotel pueblerino. Indicó el administrador que el cuarto sencillo costaba 130 pesos, pero no había lugar. Se dirigió entonces a la segunda mejor opción céntrica: el hotel Dulce María, cuya cuota de alojamiento por día era de 95 pesos. Llenó la hoja de admisión, pagó y subió las escaleras que conducían a diversos cuartos pintados de rosa que rodeaban un polvoso patio, con trebejos amontonados en las esquinas. Abrió la puerta de fierro y se encontró con un pequeñísimo lugar donde apenas cabía la cama, una angosta mesa y un lavabo. Contaba, además, con el cubo de la regadera sin puerta y, ahí mismo, el excusado sin tapa; en la pared, el único espejo chico y descarapelado por el uso de agua. Le dieron ganas de salir corriendo y regresar a casita, pero no era momento para rajarse.

A media cuadra de distancia, en el zócalo, está el Palacio Municipal: un edificio estilo neoclásico situado frente a una plaza arbolada, en cuyo centro luce un bonito kiosko de herrería y, a un lado, el busto pintado en dorado del prócer de la guerra de Independencia, Vicente Guerrero, de quien enseguida le viene uno a la mente su frase: "La patria es primero".

La viajera no sabía para dónde arrancar, los habitantes aún no se movilizaban. Apenas empezaban a despabilarse una docena de indigentes que dormían en el pasillo de mosaico del edificio municipal, sintiéndose protegidos por los guardias de uniforme azul marino, portando rifles. Una anciana en harapos despertaba de su pesado sueño y sentada en un borde, usaba los dedos de sus ajadas manos para desenredarse el largo pelo canoso, con la mirada fija hacia el suelo, en una callada resignación ante su decrépita pobreza. Tal escena hizo que a la visitante se le encogiera el corazón: fue el primer frentazo con la miseria de la región.

Las campanadas de la Catedral de Tlapa anunciaron el llamado a la misa de las seis de la mañana, así que acudió a la majestuosa iglesia del mismo estilo neoclásico que refiere esplendores del pasado, recién pintada de blanco con bordes y marcos de color azul rey. Ese viernes apenas una veintena de feligreses se repartían en las bancas de madera. Arriba del altar sobresalía un enorme crucifijo de un Cristo sufrido, doloroso, como lo están la mayoría de esos devotos, llamado El Señor del Nicho, patrono del pueblo.

La ávida mirada de la Robledo buscaba, entre la poca gente, alguna persona que tuviera facciones similares a Carmen Romano. Mientras, las indígenas, cubiertas por el inseparable rebozo, entonaban aleluyas de esperanza mostrando una fe inquebrantable. Le sorprendió ver que el sacerdote que dirigía con precisión la misa era un apuesto hombre alto y de ojos verdes, de buena y entonada voz. ¿Será pariente de los Romano? Se preguntó. Pero salió de la duda cuando un anciano de gastados huaraches que pasaba la canasta de palma para recoger limosnas, le indicó: "El padrecito es de Aguascalientes".

Todavía era temprano, de modo que a la visitante se le ocurrió entrar al típico mercado contiguo al Palacio Municipal, donde los vendedores colocaban sus mercancías en mesas de lámina. Se acomodó en la banca de un popular comedor, desayunó dos huevos revueltos bañados en una sabrosa y picosa salsa verde, con tortillas recién salidas del comal y un humeante café de olla servido por una diligente señora que ya empezaba a guisar la comida del día. Sólo el mosquerío empañó el placer. Pensó: ¿Habrá más moscas que los 70 mil habitantes que tiene Tlapa? Seguramente sí, concluyó.

Volvió a la calle. Deambulaban jóvenes morenos con largas melenas recogidas con una liga. En algunas paredes estaban pegados carteles con las fotos y los nombres de los diversos candidatos para las próximas elecciones, sin especificar partido al cual pertenecen. Elisa la preguntona indagó por qué:

–Todos son candidatos del PRI, por lo que ni falta hace que se diga; aquí siempre gana el PRI —indicó un vendedor del tianguis, quien acomodaba refrescos y cervezas junto con unos amigos que disfrutaban de sus tempraneras chelas.

–Disculpe, ¿ustedes recuerdan quién era el presidente municipal cuando el entonces candidato José López Portillo y su esposa visitaron esta ciudad en 1976?

–Ah... m-m-m... ¿Pos que no estaba Celso Villavicencio? —preguntó uno de ellos a sus compañeros, quienes asintieron con la cabeza. Un hombre muy rico, poderoso, un cacique que nos impusieron.

Una señora de edad que acomodaba camisas y suéteres en ganchos para colgarlos en los alambres de un puesto contiguo, muy acomedida, intervino en la conversación:

–¿Se acuerdan del coraje que hizo ese día don Celso porque los que cuidaban a López Portillo, los guaruras que les llaman, no dejaron pasar a su "querida", Estela Ramírez, al banquete porque no era invitada oficial? Y hasta la fecha vive con ella sin casarse por las leyes de Dios y del civil. Eso no se ve bien, ¿pos qué no son ellos los que nos deberían dar el buen ejemplo? Por eso ni le pude exigir a mi Filogonio que se matrimoniara conmigo, repelándome que para qué, si lo mejor es el arrejunte —anécdota que nos hizo reír.

–En ese entonces le quedaba poco tiempo a Villavicencio y después fue elegido el doctor Vicente Vázquez, un hombre sencillo, buena persona. Sigue en su consultorio aquí a la vuelta, en la calle de Fonseca —explicó el vendedor, mientras su amigo señalaba el camino.

La reportera siguió curioseando hasta las nueve de la mañana en que solicitó audiencia con el presidente municipal, Felícitos García. Un atento secretario sentado en un escritorio a un lado de la entrada principal, junto a un archivero sobre el cual estaba una televisión prendida, le indicó que ese viernes andaba en una comisión, de modo que no podría atenderla.

–¿Qué se le ofrece?—Preguntó el solícito empleado de bigote y pelo chino entrecano. Al explicarle el deseo de hacer una semblanza de Carmen Romano, contestó:

–¡Huy! Mi jefe no sabe nada de eso porque es joven, pero yo le puedo ayudar, sé dónde viven sus modistas, le doy las indicaciones.

Con este dato, llegó a tocar en la puerta de una casa amplia frente a la Catedral. La recibió una encantadora señora llamada María del Consuelo Aguirre, quien la invitó a pasar a una sala frente a un jardín que iluminaba la casa. Una vez que Elisa se explicó, la gentil anfitriona relató lo que sabía:

–El papá de doña Carmen, don Alfonso Romano Guillemín, era amigo de mi padre, Antonino Aguirre Díaz. También él conoció a su otro hermano, don Ángel Romano, quien tenía un lunar que le cubría la mitad de la cara y a quien mataron por cuestiones políticas. Don Alfonso se fue muy joven de aquí, como a los 20 años de edad, y ya no se ocupó de conservar las tierras de la hacienda que tenía la familia. Es una pena que haya descuidado sus propiedades. Ya ni rastro queda de la construcción, ahora es un ejido.

–¿Usted presenció la visita a Tlapa de los López Portillo?

–Desde luego. Como divido mi tiempo viviendo una temporada aquí y otra en México, en cuanto me enteré que don José era el candidato único a la presidencia, en la capital junté a un grupo de seis paisanas y fuimos a un despacho en Coyoacán para invitar a doña Carmen a conocer Tlapa. Ella se entusiasmó: no conocía el pueblo natal de sus antepasados debido a que nació en el Distrito Federal y nos indicó que si el Estado Mayor Presidencial se los permitía, programarían el viaje. Una vez que nos anunciaron la ansiada gira de don José y su esposa por un sólo día a Tlapa en el último mes de su campaña, formamos un equipo de doce vecinos para pintar paredes y arreglar lo mejor posible el zócalo y el patio de la Catedral. Trabajamos tan duro dos semanas, que se nos hicieron callos en las manos, cargando con las cubetas de pintura y macetones, sin que el presidente municipal, Celso Villavicencio, moviera un dedo. En cuanto me enteré que el entonces gobernador, don Rubén Figueroa Figueroa le había enviado dos vehículos y dinero para los preparativos de la gira, le reclamé su falta de cooperación. Explicó que no nos había ayudado debido a que no lo pedimos, cuando bien sabía cómo andábamos trabajando a pleno sol. Quedó muy vistosa la exposición de pinturas que pusimos en el salón contiguo al curato: en una pared pusimos obras del tío de doña Carmen, Francisco Romano Guillemín, y en otra pared, pinturas de artistas de la región.

–Ah, sí, Francisco Romano fue un destacado pintor de la Academia de San Carlos, afiliado al movimiento postimpresionista en Europa. Cuatro de sus mejores obras se encuentran en la Galería del Palacio de Bellas Artes.

–Inclusive mi tío Rafael Aguirre fue su maestro en San Carlos. Fíjese que la imagen auténtica de la Virgen de Guadalupe de la Basílica en la Villa, solamente la exhiben en diciembre, el mes de su celebración, y el resto del año colocan una imagen muy bien lograda, casi idéntica a la original, hecha por mi tío —aseguró la modista.

Sorprendida, Elisa ignoraba que guardaban el resto del año la imagen auténtica de la Guadalupana. Y preguntó: ¿Se impresionó doña Carmen con la obra de su tío Francisco cuando vio sus cuadros?

–¿Qué cree? No le gustaron nada. Le pedimos que escogiera alguno, ya que el gobierno del Estado le iba a obsequiar uno, por órdenes de don Rubén Figueroa. No quiso ninguno, pidió mejor que le regalaran un cuadro del Sagrado Corazón de Jesús, pintado por mi tío Rafael. Y de paso, comentó que estaba muy bien logrado el óleo de una piña, de modo que se la obsequió el autor, quien es nada menos que su primo hermano, Rodrigo Romano Rodríguez, hijo de la primera mujer de su abuelo Faustino Romano. Fue curioso el detalle de que en cuanto don

José López Portillo vio venir a Pepe, el hermano de Rodrigo, comentó enseguida: "Seguro que ese hombre es pariente de mi suegro, porque tiene el clásico caminado de él"

–¿Le agradó Tlapa a doña Carmen?

–¡No, qué va! Ella se había imaginado algo totalmente diferente. Ya venía muy desilusionada por la mala carretera, y cuando en el zócalo percibió la extrema pobreza de los habitantes, ¡hasta sufrió un pequeño desmayo! Al cabo del recorrido por el centro, se dirigió a un helicóptero con su escolta y se fue, mientras su esposo se quedó unas horas más para concluir la gira.

–¿Usted le confeccionó vestidos cuando ya era primera dama?

–Le diseñé un caftán. Realmente ella prefería comprar su ropa ya hecha en los grandes almacenes. Por cierto, recuerdo que mi paisana, la pintora Lourdes Limón, le hizo un retrato en el que ella aparece con un traje regional guerrerense, con sencillos aretes y collar, pero no le gustó, pidió que le pintaran otro: posando en traje de noche, frente a un lujoso piano de cola y con unos aretotes que parecían limones de grandes. Además, siendo tan guapa, no entiendo por qué se pintaba tanto la cara, en lugar de maquillaje, parecía que estaba barnizada.

–Claro, ¡corrieron tantos chistes al respecto! —intervino Elisa. Se decía que la maquillaba Sherwin Williams. Además, bromeaban diciendo que no se apellidaba de López Portillo, sino de Bulgaria. Yo la vi entrando a Bellas Artes con un largo abrigo de mink gris perla que tenía marcados cuadritos en azul claro que desmerecían la piel. Traía unos zapatos muy altos con un collarín de adornos dorados y unos aretes largos de piedras preciosas que se le recostaban en el cuello del abrigo. Con su inconfundible melena negra esponjada, caminaba con prisa, adusta, sin saludar ni sonreír a nadie, pese a que semejante atuendo parecía exclamar a gritos: ¡Aquí estoy, mírenme y admírenme!

María del Consuelo Aguirre decidió acompañar a la reportera a platicar con el expresidente municipal, Vicente Vázquez, en su consultorio médico. Las recibió un hombre moreno, de amplia frente y voz pausada. Relató que durante el sexenio de López Portillo se pavimentaron las rutas Tlapa-Chilapa y Tlapa-Atulcingo, se puso la radiodifusora oficial La voz de la Montaña, se instaló un DIF (Sistema Nacional para el Desarrollo Integral de la Familia) en terrenos que donó el Instituto Nacional Indigenista. Y con recursos del programa de COPLAMAR se terminó el Hospital General de la Secretaría de Salud y Asistencia, que se había empezado a construir durante el sexenio de don Luis Echeverría. Agregó el expresidente municipal:

–Yo de plano fui a visitar a doña Carmen a Los Pinos para pedirle dos carros de volteo para la basura que tanto nos hacían falta, y en efecto, nos los regaló. Al enterarse de esto el gobernador Figueroa, poco tiempo después, financió dos de estos vehículos para el resto de los municipios de Guerrero, sin darnos ya nada a nosotros. Los únicos presidentes que han venido de visita a Tlapa han sido él como candidato y don Adolfo López Mateos.

–Aquí hace falta una ayuda mucho más efectiva. Me enteré que unos doscientos mil indígenas viven en pésimas condiciones, desnutridos, paupérrimos —comentó Elisa.

Hubo un silencio que otorga la desazón.

Se despidieron del exalcalde y salieron a la banqueta tan agosta que tenían que caminar en fila india. Consuelito se encontró a su prima María Luisa Ortiz Aguirre, quien les contó que el día anterior se asustó al ver pasar por la ventana de su casa a una camioneta con encapuchados, miembros del EPR (Ejército

Popular Revolucionario), seguidos por otro carro con policías.

Justamente, la noche anterior a su viaje, la reportera había visto en el *Noticiero con Joaquín López-Dóriga* que el EPR, surgido de las filas del guerrillero Lucio Cabañas, se había reforzado en Oaxaca, estado que colinda con Tlapa. Este hecho la llevó a recordar que un grupo armado y dirigido por Cabañas secuestró a Rubén Figueroa a fines de mayo de 1974, un año después de obtener la gubernatura de Guerrero. Al cabo de cien días, elementos del ejército lograron su liberación.

Le vino también a la mente cuando ella conoció a don Rubén por mediación de su entrañable amigo periodista Ignacio Ramírez, en 1984, meses antes de una larga convalecencia que lo llevó a la muerte. El viejo político y empresario del transporte camionero solía desayunar en Sanborns San Ángel, en el sur de la capital de México, donde le coqueteaba a las meseras y les daba buenas propinas. Ahí contaba sus peculiares aventuras a un grupo de paisanos, quienes lo escuchaban embelesados, como si fuera un patriarca. Concluía con su típica frase: "Y todo este lío lo resolví por la ley del cero-cero". Entonces, la ignorante reportera le preguntó cómo era tal ley. Él contestó: "¡Por mis huevos!" Frase que reflejaba el modo machista de un gobernante de esa época.

Figueroa afirmaba ser compadre de López Portillo debido a que a ambos anduvieron tras las faldas de una maestra muy guapa. Otra versión que indagó Ignacio es que don Rubén tuvo un hijo con la maestra y, en el bautizo en Cuernavaca, López Portillo fue el padrino. Solía recordar con tristeza que su compadre se había vuelto muy llorón: "No se me olvida cuando llegué a casa de Pepe a las nueve de la mañana para felicitarlo en su santo, unos meses después de que dejara la presidencia. Hasta me jalé al trío Los Fierosos para que le cantaran *Las Mañanitas*. Lo encontré muy solo, sin aquella larga fila de achichintles que se amontonaban a su alrededor. La caballada se le fue completita. A los pocos minutos de mi arribo, solamente se presentó Carlos Hank González. Y al darle el abrazo de felicitación, se soltó llorando en mi hombro, como un niño. Caray, hasta lástima me dio el compadre".

La reportera tuvo que sacudir de la mente esas pasadas anécdotas para volver a situarse en Tlapa, al momento en que la modista le preguntó luego en qué pensaba, cuestión que aclaró. Se despidieron de la prima María Luisa y siguieron paseando por la pequeña ciudad en amena charla hasta que se despidieron.

Ya anochecía cuando la viajera se dirigió a Fotografía Solís, en la calle Hidalgo, para localizar a Eréndira, quien se había casado con Mario Aguilera Romano, un sobrino de doña Carmen. En la pared de este estudio observó enormes fotografías de las jóvenes reinas de las ferias, muy sonrientes, luciendo vaporosos vestidos, cetro y corona de brillantitos, sobre un fondo en que se adaptó un salón palaciego de alguna tarjeta postal. En el mostrador la atendió José Solís, papá de Eréndira. Llamó a su hija, quien estaba en el cuarto contiguo confeccionando los vestidos para las próximas reinas del Carnaval, entre encajes, tiras bordadas, telas de tul, satines y rosas artificiales.

Esta joven bajita y robusta, de grandes ojos negros y sonrisa que luce dientes grandes y blancos, como mazorcas de maíz, confesó a la visitante que tiene muchos remordimientos de conciencia porque no ha podido hacer nada que honre la memoria de Carmen Romano y se quejó:

–No entiendo qué les pasa a los tlapanecos. Fíjese que hay un kinder que llevaba el nombre de Carmen Romano y se lo cambiaron, ahora se llama Kinder Benito Juárez. ¿No se dan cuenta que gracias a ella se mejoraron las carreteras? Quise promover que se colocara un busto de doña Carmen a la entrada de Tlapa, pero nadie me hizo caso. Hable con el tío de mi marido, don Rodrigo, que vive en México, él puede contarle tantas cosas de la familia, sabe mucho —indicó la morena Eréndira, quien en 1990, fuera la reina de la conmemoración del centenario en que Tlapa de Comonfort fuera nombrada ciudad.

Intercambiaron el "mucho gusto en conocerla" y poco después, la reportera abordó el autobús para dejar Tlapa. Una vez en casa, indagó en la *Enciclopedia de México* que el poblano Ignacio Comonfort llegó a Tlapa en 1834, obligado a retirarse a ese lugar por un pronunciamiento militar. En su estancia de ocho años, como prefecto y comandante militar, hizo mejoras materiales y administrativas. Por ello, Consuelito Aguirre y su grupo de amigas tlapanecas están promoviendo que se coloque un busto de este personaje histórico a la entrada de Tlapa y no de Carmen Romano, como lo soñó Eréndira.

Días después, don Rodrigo Romano Rodríguez aceptó recibir a María Elisa en su casa de la colonia Educación, al sur de la ciudad. Este hombre soltero, de 76 años de edad, es un arquitecto retirado, pintor autodidacto y hoy ministro de la Sagrada Eucaristía (del Opus Dei), llevando a cabo una labor social voluntaria. Sonriente y simpático, en sus pequeños ojos se transparenta una mirada bondadosa. Relató:

–Mi abuelo Faustino Romano emigró de España y se estableció en Tlapa donde construyó una hacienda con sembradíos de caña y maíz, además de montar una gran tienda de ropa. Conoció a mi abuela Pascuala y le propuso matrimonio, pero ella se sintió indigna de casarse con un español, de modo que no aceptó, aun cuando habían procreado un hijo que don Faustino reconoció legalmente: Rodrigo Romano, mi padre. Posteriormente, don Faustino pidió en matrimonio a una señorita de apellido Guillemín, quien lo aceptó gustosa. Ambos tuvieron siete hijos: Ángel (asesinado en un complot político), el pintor Francisco, Alfonso (padre de Carmen Romano), Ambrosio, Ramón, Consuelo y Mercedes.

Emocionado, el exarquitecto señaló dos grandes fotografías colocadas en una pared de la sala.

–La primera foto es de mi padre, Rodrigo Romano, un militar mayor, y la segunda, de mi madre, Ernestina Rodríguez. Eran personas muy generosas que se identificaron y celebraron su matrimonio en 1905. Nadie de la familia trató a doña Carmen debido a que nació en esta capital. Tuve referencias de ella durante la campaña presidencial, de modo que cuando el gobernador Figueroa decidió alojarla en la casa de mis padres debido a que los hoteles no eran de su categoría, yo mismo la visité para conocerla y confirmar la invitación. Barrí y arreglé la casa en Tlapa, que permanecía cerrada porque mis siete hermanos y yo habíamos emigrado desde 1943 en busca de mejores oportunidades. La atendí con esmero, a ella y a sus hijos, durante las pocas horas que permanecieron. Me trató bien e incluso formé parte de su comitiva cuando viajó a Jalapa. Después, ya no la volví a ver.

–¿Nunca tuvo contacto con los dos hermanos de doña Carmen?

–No, para nada. Cuando yo era joven y vivía en la calle de Adolfo Prieto, en la colonia Del Valle, solamente supe que doña Carmen, de soltera, habitaba en una casa de esa misma calle, y don José López Portillo era también vecino, pero nadie me la presentó. Precisamente ellos se casaron en la Iglesia de Tlacoquemécatl, de esa colonia.

Rodrigo contó otros pormenores y se despidió de la visitante con la frase "Dios la bendiga".

José López Portillo, en su libro de dos gruesos tomos: *Mis*

Tiempos, Biografía y Testimonio político, cuando se refirió a Carmen Romano Nolk y suegros, recurrió con insistencia a los puntos suspensivos, como para ahorrar palabras y descripciones:

> Casé con la segunda novia que tuve, después de terminar con la primera al compás de: ya se va la embarcación. Todavía con Carmen llevé un noviazgo de más de tres años... Incurrí en la vecinogamia. A media cuadra de mi casa vivía la familia Romano. Dos hijas y un hijo de don Alfonso, magnífico hombre, aunque brusco y malhumorado, casado con la siempre hermosa Margarita Nolk. Él, alto funcionario de la Ford, oriundo de Tlapa Guerrero... con una fortuna regular. Margarita, mi suegra, hija de Hans Nolk, alemán y una señora Travieso, venezolana, fue una mujer hermosísima hasta los últimos días de su vida, tan hermosa que en Guatemala, en donde la conoció mi suegro... la gente del pueblo en masa la seguía por las calles por el solo gusto de verla. Mi relación con ella fue también hermosa. Jamás tuve un problema con mi suegra a pesar de que vivió en mi casa los más de quince años de su vida, después de la muerte de su esposo. Yo conocía a Carmen, la Muncy, prácticamente desde siempre, dada la vecindad. Yo era ya un joven con bigote cuando ella era una chiquilla que saltaba la reata y jugaba en los escalones de la puerta de su casa... Ante mis ojos se convirtió en hermosa mujer, a tiempo de derivar a ella, en 1948, de mi primero a mi definitivo noviazgo...
>
> Treinta y un años tenía yo cuando en 1951 con ella casé; veintiocho cuando inicié la relación. Era yo más que joven, ya recibido, con coche y muchos problemas, pero posición prometedora... Iniciamos una relación que culminaría en matrimonio... al que llegamos con casa propia, que con mi peculio construimos en uno de los varios

terrenos que le regaló su padre. Estaba contiguo a la casa de éste. Ella hizo el proyecto y yo la hice de uno de los albañiles... Concluida la casa que con la Muncy concebimos y construimos, en ella celebramos el brindis de nuestro matrimonio... Después de la luna de miel en Acapulco, regresamos a vivir en nuestra casa de tres pisos, que vería nacer a mis tres maravillosos hijos.

Ada volvió a reunirse con su amiga para platicar animosamente en el mexicanísimo restaurante Las Mercedes. Pidió al mesero una sopa de tortilla y una lengua encacahuatada, mientras su amiga ordenó sopes de tuétano y un filete a la campesina. Festejaron con copas de tequila el nuevo trabajo que la chaparrita consiguió para salir de sus apuros. Eli contó sus pesquisas del viaje.

Y ambas comentaron el libro que disfrutaron tanto: *La suerte de la consorte* (editorial Oceano), escrito por la talentosa investigadora de la UNAM, Sara Sefchovich, en el que narra la suerte de las esposas de los gobernantes y presidentes de México desde 1521 hasta el 2000. Y están en espera de la nueva reedición que incluirá a Martha Sahagún de Fox.

–Sara escribe que "en aras de la imagen familiar que la moral del día seguía considerando fundamental", Carmen y su marido "vuelven a reunirse para que ella cumpla con el papel de primera dama, pero lo hacen viviendo como vecinos, con vidas independientes" —señala Ada, muy interesada.

–Y, sin embargo, recuerdo bien el día que López Portillo tomó posesión de la presidencia, los medios publicaron una foto de su familia reunida, con sonrisas de oreja a oreja, ocasión en la que él afirmó: "Somos una familia muy unida". Como bien lo dice el chistosísimo escritor Germán Dehesa: "El PRI siempre ha preferido maniobrar en lo oscurito".

–Por eso ignorábamos qué ocurría dentro de Los Pinos y también afuera, en lo oscurito. Por cierto, Eli, ¿tú conoces las instalaciones de esa mansión presidencial?

–Para nada. Ni siquiera los jardines. Yo nunca cubrí las fuentes oficiales de la presidencia, por lo tanto, no tenía el gafete que me diera acceso a Los Pinos; tampoco recibí embutes ni las prebendas que les repartían a los periodistas consentidos del sexenio, cuestión que me honra y siento que me da el derecho de hablar sin cortapisas.

–Más te vale, porque si publicas lo que estamos contando, no tendrás cola que te pisen, facturas que te cobren... ¡Salud! —invitó Ada a levantar las copas y chocarlas para desearse buena fortuna.

Elisa retomó la parte en que Sara describe la forma en que se instaló la familia en Los Pinos:

–Entonces la residencia estaba montada a todo lujo, o mejor dicho a todo tren, porque hasta tenía un trenecito eléctrico que llevaba a la familia o invitados de un lado a otro de la gran extensión. Y se acomodaron todos los que dependían de la gracia y poder del mandatario. En una ala vivía Margarita Nolk viuda de Romano con su hija Carmen y nietos, mientras el preciso se instaló en otra parte. Y en casas aledañas, su mamá, doña Refugio Pacheco, ya viuda; sus hermanas Alicia y la preferida, Margarita, con todo y su familia.

–O sea, que ya de entrada cinco mujeres, que influían en sus decisiones, convivían con él dentro de casa: doña Refugio, Carmen, Alicia y las dos Margaritas, la hermana y suegra.

–Y sumando a Rosa Luz, eran seis las damas que vivían del presupuesto federal. Con toda razón Sara Sefchovich señala que el presidente, su esposa e hijos, su madre y hermanas, sus amigos y compadres se sentían con el derecho de gastar a manos llenas el dinero de la nación, como si fuera su botín particular.

–Y, entre tanto, el resto de la población andábamos en la baba, más Babalucas que el personaje de Catón —bajó Ada la quijada para imitar a una tarada. Y nos faltan las mujeres que le siguieron después de desocupar el trono sexenal. Me faltan dedos de las manos para contarlas, si desde los 40 años estaba invadido por el demonio del mediodía.

–Nos ocuparemos de las más consabidas. Espera un poco, un poquito más...

–Ada la desesperada quiere tragarse todo el pastel de una sola mordida. A propósito, ¿qué tal si compartimos unos chongos zamoranos para dividir el engorde? —sugirió la golosa, mientras le hacía una señal al mesero.

–Endulcemos el paladar para seguir rondando en los actos fuera de serie de Carmen Romano. No hay que pasar por alto que ella mandó hacer en Los Pinos un elevador para no tener que subir un piso, hazme favor, y cambió la decoración porque no le gustaba el estilo mexicano que había escogido Esther Zuno. Y hasta se mandó hacer su propia sala de conciertos.

–¡Cuántos consentimientos!

–Tienen una razón de origen, según lo relató María Teresa González Salas de Franco en el diario *El Nacional* en 1977: "La señora Carmen se había acostumbrado desde niña a que la mimaran; una enfermedad que tuvo de chica motivó el consentimiento exagerado de sus padres y, una vez casada, como perdió al primer hijo que se estranguló con el cordón umbilical al momento de nacer, su esposo le empezó a cumplir todos sus caprichos, por eso no pudo decirle que no cuando se le ocurrió crear el Fondo Nacional para Actividades Sociales.

–Circuló la anécdota de que cierto día en que Carmen irrumpió en el despacho de su marido para indicarle que tenía una idea, él le respondió que en un descuido, ¡hasta le podría quitar la silla presidencial! Nunca le puso un alto, un "hasta aquí" —agregó Ada, desencantada.

–Y por cierto, el propio expresidente explicó en una entrevista concedida a *Ventaneando*, en marzo de 2002, el deterioro de su unión con Carmen: "Nuestro primer hijo murió en el seno de su madre, nonato, se estranguló con el cordón umbilical y eso afectó profundamente a mi mujer, que había nacido para la maternidad. Y toda su vida estuvo buscándolo en una especie de reencarnación en todos los jóvenes que pudieran tener una edad similar a la que hubiera tenido su hijo. Sufrió mucho, aunque se consoló pronto porque nuestro segundo hijo vino pronto y fue varón también. Lo encuentro como razón de una alteración a la que desgraciadamente no pudimos sobrevivir como matrimonio. Mi mujer se imputaba la culpa porque su ginecólogo que no era el que contratamos originalmente, dejó que madurara mucho en el vientre y tal vez esa fue la razón de que se enredara. Se culpaba ella de eso, de alguna manera. Estaba yo viendo una pelea de box en la primera televisión que tuve, cuando me di cuenta que el niño se había estrangulado. Ella me dijo: 'Ya no siento los latidos del corazón del niño, creo que se me murió'. Yo lo viví con mucho horror, mi primer hijo varoncito, muerto".

–Esa pena podría haberlos unido más. Sin embargo, el preciso decidió que, cada uno por su lado, llevara el agua que quisiera a su molino.

–Nadie los limitó. Fíjate que pasado el sexenio, Carlos Loret de Mola, en su libro *El Juicio*, expresa que lo más criticable de López Portillo fue su frivolidad y la conducta de sus allegados, sobre todo los femeninos. Refiere las sesiones espiritistas de doña Carmen en el hotel Castillo de Santa Cecilia, en Guanajuato, mientras veinte guaruras militares cuidaban al perro favorito de la señora en torno de la alberca del hotel, para que anduviera libre por ahí sin ahogarse o resfriarse al zambullirse en la alberca. Agrega el exgobernador de Yucatán que eso no fue nada junto al incidente diplomático en Suecia, cuando el perro fue enviado fuera de aquel país, en un viaje especial de un avión de la presidencia de México porque los suecos no permitían animales sin cuarentena. Y qué decir en España, cuando sus ayudantes tenían que subir el piano de cola entera al octavo piso del hotel Ritz y el agregado de asuntos agropecuarios en nuestra embajada buscó una farmacia veterinaria que estuviera de guardia día y noche por si se enfermaba el perrito."

–Lo peor de todo era la cargada y cargadera. A todos lados donde iba Carmen, contaba con un séquito que transportaba el piano de cola para tenerlo a la mano, por si se le ocurría tocarlo, además de decorar el cuarto del hotel con sus adornos de porcelana, cristal y de peluche, aunque fuera por un par de días. Algunos diplomáticos comentaron la vergüenza que pasaban cuando en visitas oficiales se empeñaba en tocar: figúrate que se atrevió a hacerlo en la Casa Blanca, el presidente James Carter y su esposa aplaudieron cortésmente y cuando la llevaron a conocer el piano de Mozart en Austria, se atrevió a probar su sonido con *¡Los changuitos*! —exclamó Ada, apasionada.

–No se me olvida que ordenaba cerrar las principales avenidas, el circuito interior o el periférico, en forma prepotente, cuando decidía dirigirse al lugar que deseaba, rodeada de guaruras y media docena de motociclistas. Hasta logró cerrar almacenes de prestigio para comprar hasta el hartazgo. No podemos dejar de mencionar la experiencia de José Fuentes Mares. Era embajador de México en Madrid cuando Carmen viajó a esa ciudad para inaugurar una exposición de pintura. Luego dejó plantados a sus anfitriones en Sevilla, quienes le habían preparado una comida de gala, sólo porque se le pegó la gana ir de compras. Y en otra ocasión se le antojó ir a un concierto en el Teatro Real, por lo que hicieron grandes esfuerzos para conseguirle boletos, ya que estaban vendidos desde meses atrás. Pero los asientos quedaron vacíos porque, a la mera hora, ella prefirió ir a ver una película de Supermán. Fuentes Mares exclamó que ¡no ganábamos para vergüenzas! —levantó la voz Ada, apasionada.

–Mi propio tío, el cultísimo maestro Antonio Gómez Robledo, me relató que cuando era embajador de México en Grecia, Carmen le ordenó alquilar un hotel completo en Atenas para hospedar a sus amigos durante una gira.

–Se te olvidan sus antojitos: cenaba en restoranes de lujo, donde se le ocurría que le trajeran tacos al pastor que le gustaban más que el refinado menú y también pedía que le hicieran un itacate cuando algo le había gustado en los banquetes oficiales. Lograba que abrieran de madrugada algún sitio para cenar o tomar una copa y hasta ordenaba que se salieran los comensales para estar con sus amigos a sus anchas. Fíjate que hasta llegó a ordenarle al piloto que desviara el avión presidencial en que viajaba para comer pays de piña, antojo de última hora. ¡Qué osos!

–Encima de todo, su esposo se enorgullecía al decir que ella trabajaba de oquis, gratis, en su tercer informe de gobierno: "Tal vez no sea yo quien tenga que subrayarlo, pero me parece de justicia hacerlo, porque se trata de mi última colaboradora que no cobra salario, a pesar de atender varias instituciones con entrega y eficiencia ejemplares". En efecto, unificó el INPI y el IMAN para convertirlos en DIF, instaló la sala de conciertos Ollin Yoliztli, impulsó el Festival Internacional Cervantino y se le ocurrió fundar la Orquesta Filarmónica de la ciudad de México, con mayor presupuesto que las ya existentes, y otra de jóvenes talentos, sólo que el derroche ¡fue atroz!

–Los más ganones fueron los músicos y artistas internacionales que visitaron México bajo contratos de miles de dólares. Uno de ellos se preguntó: ¿Cómo es posible que me pague tanto un país del tercer mundo? Y peor, para invitarlos, organizaba viajes con numerosa comitiva.

–Me acuerdo que en la revista *Proceso*, el reportero Armando Ponce saca cuentas de lo que llamó "La Filarmónica del dispendio". Imagínate que siendo una orquesta de esta ciudad, como su nombre lo indica, hizo giras por 18 países, llegando hasta Hong-Kong. La que hizo en Estados Unidos y Canadá, ¡costó un millón de dólares! Y sólo 39 de los 111 músicos eran mexicanos, aun cuando en el decreto de la creación de esta orquesta, el ejecutivo se comprometía a "sostenerla como un servicio social y cultural en beneficio de los habitantes del Distrito Federal". Por cierto, estas giras estaban organizadas por el director de la Filarmónica, Fernando Lozano, quien traía embelesada a la primera dama.

–Si a Carmen la deslumbraba alguien, le daba lo que le pidieran. Al fin y al cabo sólo tenía que sacarlo de las arcas de la nación, ni sueldo necesitaba —dijo Ada, frunciendo el entrecejo.

–Se enmieló tanto con el poder, que pasó por encima de la costumbre de dejar Los Pinos tres meses antes de la entrega de poderes para darle chance al futuro presidente y familia de hacer los arreglos y cambios necesarios. Sin embargo, la precisa no salía de ahí con todo y baúles. No podía creer que su reino llegaba a su fin. Permaneció hasta el 30 de noviembre. Un día antes de la toma de posesión de Miguel de la Madrid, los encargados de la mudanzas tuvieron que trabajar día y noche. Se retiró primero a su casa de Coyoacán, pero tenía varias de dónde escoger: en La Florida y en el Pedregal y quién sabe qué otras —hizo el recuento, Ada, encanijada.

–Claro. Debió utilizar camiones de mudanza al por mayor. Si se calcula que tenía 32 pianos de cola, unos comprados y otros regalados. En el remate que Carmen Romano organizó en septiembre de 1985, que desde luego estaba custodiado por soldados, Elías Chávez publicó en la revista *Proceso*, que se exhibían doce pianos de las mejores marcas clásicas europeas y uno decorado con pinturas italianas.

–¿Qué otras cosas remató Carmen de lo que le sobraba en su haber?

–Lucían espejos franceses del siglo XIX ribeteados en oro, cristales checoslovacos, vajillas de plata, muebles italianos del Renacimiento, españoles del siglo XVII, chinos del XVIII, para empezar. Sólo bajo previa cita se podía entrar al gran bazar, donde 300 obras pictóricas estaban amontonadas en el piso, entre ellas un cuadro del doctor Atl donado por el gobierno de Chihuahua a López Portillo. También había de Juan Soriano, Ernesto Icaza, Germán Gedovius, Raúl Anguiano, Juan Cordero, litografías de Joan Miró y de David Alfaro Siqueiros, óleos de su tío Francisco Romano Guillemín y un conjunto de caballos firmados por su propio marido. Agrégale finísimos tapices, tapetes orientales, esculturas de santos (extraídas seguramente de diversas iglesias coloniales), una réplica de la campana de Dolores que el gobierno de Hidalgo le obsequió al presidente, una escultura de Federico Cantú dedicada al expresidente y otra de Humberto Peraza. Bueno, hasta vinos y champaña franceses, muebles de cocina y hornos de microondas, entre otros tesoros. Esto era lo que quedaba, ya que el bazar se había abierto semanas antes de la publicación, cuyas puertas estaban abiertas a sólo a millonarios, por supuesto.

–¡Ay jijo! Cómo tendría amueblada su casa después de repartir a sus hijos otros guardaditos. Acuérdate que los tres tuvieron sendas bodas durante el sexenio, dos de ellas en el Casino Militar y otra en los Pinos. Y el colmo fue que hasta se construyeron tres casas dentro de Los Pinos para que gozaran de su íntima intimidad los recién casados, aun cuando el disfrute era de poco tiempo.

–Nadie duda de lo consentidora que fue con sus hijos. Y en cuanto a su marido, el mismo exmandatario declaró: "Nada diré de mi matrimonio. Si algún problema ha habido, es a mí imputable".

–Imputabilísimo —suspiró Ada y pidió otra copa de tequila para levantar el ánimo.

–¿Te conté que fui a la presentación del libro *Ellos vienen... La conquista de México,* escrito por López Portillo?

–No. ¿Fue el guión de cine que escribió después de que unos empresarios franceses le dijeron que iban a filmar la costosa producción de la Ruta de Cortés y nomás lo dejaron vestido y alborotado?

–Exactamente. Reinó la expectativa aquella tarde del 13 de agosto de 1987. Era la primera vez que don José invitaba a los medios de información, al cabo de su mandato, para anunciar este guión que incluía dibujos que él hizo. En la entrada de su casa en Cuajimalpa me topé con unos 500 invitados que platicaban animadamente, reían y brindaban. El autor se veía radiante a sus 67 años: fuerte, vital, muy asoleado porque afirmó que a diario practicaba el tenis. Volvía a saborear los reflectores, cámaras, público, después de cinco años de silencio. En la dedicatoria de este libro se leía: "A Flora..." Andaba estrenando novia, la joven arquitecta Flora Mariscal. Noté que tenía cierto parecido físico a Rosa Luz Alegría.

–Inclusive vivieron juntos en esa casa por un tiempo.

–Estás bien enterada. Recuerdo que esa noche todo era algarabía. Y calla, locuela, que llega su hija Carmen Beatriz acompañada de su entonces marido, Rafael Tovar y de Teresa, quienes trajeron a Carmen Romano. ¡Qué mal tino! Cuando el anfitrión la divisó, se le congeló la sonrisa. En cuanto terminó los comentarios del libro, se abrió paso para dirigirse hacia el comedor y ahí tienes que Carmen iba tras él, cual cachorrito en busca de mimos. El anfitrión le dio frío saludo y cortón para firmar los libros de obsequio. Los periodistas le preguntamos acerca de su visita, a lo que ella respondió: "Deseo compartir el éxito de mi esposo".

–¿Ya estaban divorciados?

–Eso preguntamos los preguntones. "¡No!", respondió tajante la señora que se veía más delgada y muy emperifollada. Y seguía refiriéndose a "mi esposo" como si Flora fuera un cero a la izquierda. Una vez que se distrajeron mis colegas, le pedí una entrevista a lo que me dijo que sí me la daría dentro de dos semanas y hasta me dio su número telefónico. Aquí tienes a la necia reportera hable y hable, mientras una voz masculina, algún guardia o secretario, me contestaba que andaba de viaje, que ya había llegado pero se volvió a ir y otras excusas. Seguí insistiendo meses hasta que por fin, me contestó la llamada: "¿Me hablastes?" Sí, doña Carmen, usted me prometió una entrevista. "Ah, he andado muy ocupada, y ya mejor decidí que no es conveniente dártela". Rogué, insistí, y sólo dijo que no tenía nada más que decir, al tiempo que se despidió, colgando el auricular. Me quedé frustrada por su falta de palabra.

–Por doquier corrían rumores de que la veían entrar al cine con algún joven amigo o acudir a restoranes en grupo —dijo Ada. Y también andaba de viaje en viaje, de ronda en ronda.

–Paulina López-Portillo refirió en un libro que cuando fue a visitar a su mamá, ella tenía demasiados cerrojos en la puerta y fue abriendo uno por uno, para recibir a su hija como siempre, "encantada, jovial e ilusionada".

–¿Qué miedos sentía esa mujer para encerrarse, como se dice, bajo cuatro llaves? Quizá temía que le robaran, o quizá estaba encerrada con sus ilusiones, o quizá escondía su profunda soledad, porque no volvió a encontrar una pareja estable. Debió haber sido un golpe muy duro para ella cuando Jolopo aseguró que Sasha era el amor de su vida.

–Doña Carmen murió el 9 de mayo de 2000. Se fue con todas sus frustraciones, palpando los terribles reclamos de sus hijos hacia su padre. Tal parece que viajaba constantemente para olvidar las críticas en contra, para conocer otros horizontes, pero acabó sus días en el país que tanto ha repudiado el sexenio de López Portillo. Y por si fuera poco, ahora no la dejan descansar ni en la paz de su sepulcro. En la revista *Mi Guía*, la reportera Alicia López entrevistó al cineasta Manuel Ávila Camacho (nieto de Maximino Ávila Camacho), quien afirmó que doña Carmen Romano murió víctima de sida. La reportera no confirmó la información, como lo reconoció en el programa *Tómbola* de TV Azteca.

–Creo que Manuel tuvo muy poco tacto y mal gusto para decir algo tan privado y desafortunado, en caso de ser cierto. Y si el hecho es falso, no se vale, qué poca conciencia. Supe que los hijos pensaban demandarlo.

–El mismo expresidente afirmó en marzo de 2002 que la demanda está en curso y dijo: "Carmen se murió de una enfermedad de los riñones, por lo tanto, ha sido calumniada". Sin embargo, se supo que en el acta de defunción de Carmen Romano se dice que su fallecimiento se debió a un infarto cerebral múltiple. El abogado de Manuel alega a su favor que una persona muerta no puede demandarlo por calumnia o daño moral. Sus hijos o herederos podrían haber seguido el curso de esa demanda en el supuesto caso de que Carmen la hubiera iniciado. Por su parte, Manuel asegura haberse enterado por el mismo José López Portillo.

–Más allá de dimes y diretes, yo creo que en la vida de esta mujer había un gran vacío.

–Pienso lo mismo, Ada. Si tienes una vida plena a tu alrededor, ¿para qué te ocupas en comprar y comprar? Para satisfacer algo que te hace falta, para darte gustos pasajeros, para consentirte, para sentirte poderosa.

–Sí, ¿verdad? Cuando me enojo con mi galán, me siento deprimida o frustrada, corro a alguna tienda y me compro aunque sea un chocolate para levantar el ánimo. Y cuando tienes las arcas de la nación a tu alcance, ay nanita, qué tentación.

Las amigas cerraron el tema, recordando que en aquellos ojos verdes de Carmen Romano, se reflejaba tristeza, dureza. Vivió aferrada a un marido que no la supo hacer feliz.

DESHOJANDO LA MARGARITA

Antes de entrar a la danza del poder y padecer una implacable metamorfosis, Margarita López Portillo y Pacheco era una señora sencilla, de mirada dulce, cara blanquísima y redonda, con una línea oscura muy alargada, maquillada sobre sus pequeños ojos café claros. Así la conoció Elisa en 1974, cuando el conductor Jorge Saldaña, del entonces Canal 13 de televisión estatal, la invitó a participar como juez en un concurso semanal de conocimientos históricos entre ciudadanos de las recién creadas 16 delegaciones políticas del D.F., dentro del programa *Sábados con Saldaña*.

La labor de Margarita era seleccionar preguntas acerca de la historia de cada delegación, basadas en monografías que los primeros delegados proporcionaron. La Robledo y su amiga periodista Tere Gurza solían corregírselas debido a que las elaboraba muy a la carrera o, simplemente, no se las redactaban bien. Para entonces, ella era doctora en Filosofía y Letras por la Universidad Nacional; había ganado el Certamen de Cuento Mexicano en 1950 con su libro *La de los Laureles*, en 1955 obtuvo el premio Lanz Duret por la novela *Toña Machetes* y ganó la medalla Sor Juana Inés de la Cruz en 1962 por su novela *Tierra Blanca.*

Quizá desde que recibiera esta presea le entró la pasión hacia la genial escritora Sor Juana Inés de la Cruz, por lo que llegó a escribir la biografía *Estampas de Sor Juana* y a rescatar el Claustro donde murió la llamada Décima Musa.

En estas reflexiones estaba la reportera mientras sorbía un café expreso en una pequeña cafetería de su rumbo, después de revisar datos recabados, cuando irrumpió apresurada la incansable Ada, a quien en seguida le confió lo que meditaba.

–¿Te estás refiriendo a la señora que mucha gente llegó a tildar de la Pésima Musa? Sin querer ser mulas, si bien recapitulas...

–Mejor cito una parte del libro *El juicio*, en el cual Loret de Mola le reclama a Jolopo que "doña Margarita, a quien sólo por su parecido físico con la vedette de los años veintes, Lupe Rivas Cacho, la convirtió en ama y señora del cine, la radio, la televisión y la cultura, en su carácter de albacea espiritual y espírita de Sor Juana Inés de la Cruz, cuya alma hicieron creer los lambiscones que había rencarnado en la propia Margarita".

–Cruz, cruz, que escondan la cara cual avestruz. ¿Y te le acercaste alguna vez a Margarita en el sexenio de Jolopo?

–No. Pero hace cinco años, en 1997, cuando este expresidente había sufrido una embolia cerebral y quedó hemipléjico, pensé que su muerte estaba próxima, así que fui elaborando una semblanza para que, llegado el momento, se publicara en la revista *Época*, donde yo trabajaba. Llamé a Margarita a su casa, quien amablemente contestó debido a que se acordaba de mí. Le pedí que me hablara de la vida familiar de ellos durante la infancia y adolescencia.

–Te ha de haber echado un rollo muy bonito y color de rosa, ¿verdad?

–Siento que bastante realista y sentido. Y al final de la conversación externó opiniones personales y muy reveladoras. Primero me explicó que su padre odiaba la política por lo mal que le fue al abuelo. Cuando, a raíz de la Revolución, su padre perdió los bienes heredados, se mudó a una casa en División del Norte, colonia del Valle, para trabajar en la capital. Ahí, él solía decirle a su hijo: "Mira Pepito, no te vayas a meter en política porque es madrastra que a todos trata mal". Sin embargo, comentó Margarita, en cada generación de su familia salen políticos.

–Así que a Jolopo se le borró el casete; desoyó consejos de sus mayores.

–Margarita lo explica así: "Debido a ese temor hacia la política, Pepe estuvo en la administración pública hasta los 40 años de edad y a los 56, tuvo una oportunidad de oro para gobernar México". Y enseguida se quejó del "rompimiento injusto por parte de Miguel de la Madrid cuando mi hermano nacionalizó la banca; Pepe mismo me dijo que esto nos iba a costar a mi familia y a mí, y en efecto, tuvimos que irnos a España dos años".

–Hermanos inseparables en las buenas y en las malas. ¿Y desde chicos, también?, preguntó Ada, mientras pedía a la mesera un café capuchino.

–Relató que su mamá perdió el primer hijo y luego vino Pepe, el mayor y único hombre de la familia; le siguieron en este orden: Margarita, Alicia y Refugio. Las tres mujeres alcanzaron a nacer en Guadalajara debido a que su madre tenía la obsesión de que todos fueran tapatíos, de modo que poco antes del parto, se refugiaba en casa de su tía (hermana de su mamá) Guadalupe Pacheco de Landero, pero en el caso del mayor, se le adelantó el parto a doña Refugio Pacheco y Villa Gordoa de López Portillo. Y recordó que desde chico: "Pepe tenía que dominarse porque era muy peleonero, luchaba por las causas que a él le parecían justas y sabía ser muy buen amigo. Debido a que mi padre era intelectual, se hizo responsable, un magnífico hermano que protegió y apoyó a las tres hermanas; y siempre fue tan ojo alegre... ¡era bendito entre las mujeres!"

–Nos consta el pegue que tenía —asintió con la cabeza Ada, emitiendo enseguida un gemido al quemarse la lengua por sorber el espumoso y caliente café que le acababan de servir.

–En cuanto al estudio, Margarita afirmó que su padre no se los exigía: "Vivíamos en un ambiente en el que estudiar era lo normal, en una casa llena de libros, respirábamos cultura. Nos contaba tragedias griegas con un fondo musical muy bonito, de modo que nos despertó la imaginación. Crecimos tan unidos que nuestros principales amigos eran nuestros padres y mis hermanos".

–Mira, se compenetraron tanto en las tragedias griegas que las personificaron a todo lo que da, nada más que con modernizados tintes del folclor mexicano: todos acabaron sentados en las espinas del nopal de la banda presidencial.

–Ay Ada, hasta con la lengua quemada le sacas hilo a la hebra. Te sigo dando detalles para que regocijes tu aguda imaginación con este relato de Margarita: "Pepe era muy soñador. Desde pequeño le gustaba dibujar, por lo que tenía su cuarto lleno de pinturas extrañas y simbólicas; la figura del Quijote era su consentida y toda la vida le ha rendido culto al escritor vasco Miguel de Unamuno. Cuando Pepe cumplió 14 años y había decidido cursar Derecho, mi papá le dijo: 'Te doy la llave de la casa porque sé que no vas a abusar de ello y tus estudios universitarios los vas a costear tú'. Y así lo hizo".

–¿Y qué hacía para ganarse la lana de sus estudios?

–Ella dijo que daba clases a todos sus amigos, incluyendo a Arsenio Farell y Luis Echeverría, desde que todos ellos estudiaban en San Ildefonso: "Para ponerlos al día en sus estudios se encerraba en su cuarto con sus compañeros. Como llegaban jóvenes guapos, Licha, Cuquita y yo nos asomábamos, pero se ponía frenético y nos corría; era muy celoso con nosotras."

–Desde jovencillo celaba a sus amadas.

–Ya ves, iba tomando la forma de macho que tanto presume. Su hermana recordó que una vez que se tituló de abogado en la UNAM, ahí mismo dio clases de Teoría General del Derecho e inclusive tiene un libro sobre el tema. Y agregó más halagos: "Pepe era muy valeroso, nuestro mejor defensor, un hombre excepcional. Te lo digo yo, que lo conozco casi desde que nació".

–Mu-u-uy defensor. Dicen que cuando Margarita se andaba divorciando de su marido y el asunto se puso muy álgido, Jolopo la defendió a morir.

–Es de suponerse. Cuando Echeverría nombró a Jolopo director de la Comisión Federal de Electricidad en 1972, Margarita ocupó los cargos de directora del Museo Tecnológico de la Comisión Federal de Electricidad y de Asesoramiento y Divulgación Cultural de los trabajadores de esa Comisión, además de gerente divisional de la CFE en Jalisco, Colima, Nayarit y Zacatecas.

–Cuánta linaza. Desde entonces, vivió bajo la sombra de su hermano. Oye, ¿se llevaría bien con su cuñada, Carmen Romano?

–Le pedí su opinión acerca de Carmen Romano, y échate para atrás, me dijo: "Esa mujer nació loca. Fue la desgracia de Pepe. Con ella era imposible, porque era de un egoísmo terrible. Cómo se pintaba, cómo se peinaba y cómo gastaba. No sabía ni vestirse ni nada, una mujer dura, muy dura. Pobre de Pepe, yo creo que estaba sediento de afecto, de cariño. Carmen Beatriz es muy difícil porque tiene algo de la mamá". Y cuando enseguida pregunté si su hermano era feliz con Sasha Montenegro, Margarita respondió: "Mira, sí, fíjate que es una mujer de mucho empeño que lo ha sabido cuidar muy bien, que se sacrifica mucho por él, lo cuida, come a deshoras, en fin, vieras qué bien se ha portado. Él es feliz, la quiere".

–Eso dijo la hermana hace cinco años, sin presentir el desenlace —metió su cuchara Ada, mientras meneaba el café. Dejando a un lado a su familia, ¿Te dijo algo respecto a otros presidentes que sucedieron a su hermano?

–Fíjate que ella solita habló de política. No tuve que empujarla: "Yo creo que los priístas como que han perdido categoría. Es una cosa que parece pesadilla, ocurren cosas horribles y sigue otra y otra y no acabamos de tener tranquilidad. Las declaraciones de Carlos Salinas de Gortari son de un loco, a mí nunca me simpatizó. Yo, que soy muy observadora, le vi la cara de loco en la televisión y se lo dije a Licha, mi hermana, ese señor está como para camisa de fuerza. Es un esquizofrénico. A la pobre de su esposa, Cecilia, que por cierto también es de Guadalajara, de los Altos, que se ve buena señora, decente, dicen que la maltrataba. Creo que la pobre señora no va a durar mucho con él, que se va a separar. Se respira el aire más puro sin Salinas, la expresión de su cara era malévola, con mirada como de una cobra. El dinero era lo único que le interesaba, psicológicamente era un enfermo mental, una gente a quien sólo lo movía el poder". Éste fue su último comentario de esa reveladora conversación telefónica, que le agradecí con gusto.

–¿Y a los López Portillo no los movió el poder? Sin comentarios. Oye, yo todavía ando intrigada con el reproche de periodistas y ciudadanos en cuanto a que Margarita, una vez descubierta la tumba de Sor Juana, se llevó a casita el medallón que portaba sobre su pecho la inmortal monja. ¡Un patrimonio nacional!

–Hubo muchas especulaciones al respecto. La realidad es que se encuentra exhibido en el Museo Legislativo de la Cámara de Diputados, donde me indicaron que fue donado en febrero de 1997. Y atácate, sólo está "la base de carey del escudo monjil, encontrado en el coro de la Iglesia del Convento de San Jerónimo, junto a la osamenta que se atribuyera a la ilustre Sor Juana Inés de la Cruz." Lo principal, la imagen de La Anunciación en el medallón, desapareció.

–¿A poco? Y también se me hace raro que Margarita no haya decidido colocar lo que queda, el despojo del medallón en el propio Claustro de Sor Juana.

–La persona que recibe a los visitantes en la entrada al museo comentó que la señora Margarita lo donó a la Cámara de Diputados debido que su sobrina, Carmen Beatriz, le puso una demanda. Luego hablamos de la hija mayor del exmandatario.

–Claro, nos falta deshojar, Eli, otros pétalos de Margarita. Allí están, por ejemplo, sus obsesivas creencias esotéricas, del más allá y del más acá.

–El asunto es impresionante. Con decirte que la escritora Emma Godoy, quien fuera amiga de Margarita durante 20 años, en una entrevista concedida a Francisco Ortiz Pinchetti en la revista *Proceso*, en julio de 1984, contó que Margarita le dijo una cosa que le dio mucha risa: "Yo soy bruja blanca y tengo la mejor biblioteca sobre cuestiones esotéricas. Cuando quieras la puedes consultar".

–Si se rió es porque Emma no compartía esas brujerías con ella...

–No, pero comentó que las respetaba, como a otras amigas. Afirmó que Márgara le cogió verdadera adicción a ese montón de doctrinas y luego pasó con los sufíes, otra mística de los árabes y sin embargo, tenía imágenes de Cristo, de la virgen de Guadalupe y de santos, o sea, que era esencialmente religiosa. Dedujo que andaba desorientada debido a que la Iglesia no la apoyó a raíz de los problemas de su matrimonio, en los que Margarita tenía razón. Como "el obispo no se puso de su parte, por eso aborreció al cristianismo y así anduvo buscando y buscando dónde realizarse como mística, cayendo en esas cuestiones mágicas de premoniciones y predicciones".

–¿Y a poco tomaba decisiones bajo los influjos brujos cuando era funcionaria del gobierno?

–La guanajuatense Emma lo aseguró rotundamente: hacía sesiones los sábados para consultar problemas personales. ¿Quiénes crees que le daban las soluciones? ¡Los extraterrestres!

–Ay, bárbara. Entonces, por un lado, Carmen Romano con sus sesiones espiritistas junto a las momias de Guanajuato y, por el otro, Margarita con sus marcianos, salpicados con sufismo islámico, brujerías y anexas. ¿Qué pensaría al respecto su hermano José?

–Emma opinó que, evidentemente, compartía estas ideas con su hermana, ya que la relación entre ellos era de uña y carne: "Esa relación fue eterna y lo seguirá siendo. Como si hubieran sido paridos juntos. Pudo haber algunas discrepancias, pero terminaban siempre en acuerdo. Se han querido, pero de veras se han querido. Márgara, el apoyo total, eterno, al hermano. Tuerto o derecho. Incondicional. Una amistad rara entre hermanos. Una amistad entrañabilísima entre ambos, muy bella".

–Algo tendría que decir Freud al respecto. Ya ves que Jolopo acabó dejando a Sasha para refugiarse en los brazos de Margarita. ¿Podemos deducir que algunas decisiones presidenciales fueron sugeridas por ella, vía marcianos y otros espíritus?

–Emma así lo creyó: "Decían ellos que los extraterrestres tienen 49 centímetros de estatura y son verdes. No sé cómo los midieron. Aportaban soluciones para muchos problemas". A la pregunta expresa de Ortiz Pinchetti sobre quiénes influían en el presidente y hermana, dijo que entre ellos estaban Claudio Farías, que fuera director del Canal 13, Pedro Ferriz y otros. Describió la escritora: "Armaban un show en el que podía aparecer un anciano de hace tres mil años para decirles que había vencido a la muerte y que tenía una sabiduría de tres mil años... aunque decía puras tarugadas. Una amiga que fue a una de esas sesiones me contó que llovía algo como nieve y había luces de colores aquí y allá y humo y los rostros de los grandes gurús o maestros que aparecían y desaparecían. Mi amiga, muy vaciladora, cogió un copo de nieve y lo probó: ¡era pan Bimbo!"

–¡Qué payasadas!

–Emma deducía que siempre hay que echarle la culpa a alguien y qué mejor que echársela, por ejemplo, a los hombrecillos de los ovnis. Deduce que, en general, a los mexicanos la razón nos cae gorda, no nos gusta ser racionales, que somos un país mágico, surrealista, nos gusta fantasear, creer hasta en nuestras reencarnaciones anteriores. Y agregó: "Como Márgara, ella había sido princesa egipcia. Luego, seguramente se portó mal, porque cayó nada más en Sor Juana, una cosa ya muy bajita...".

–Óyeme, no. ¡Es el colmo! Sor Juana está a la altura de las grandes figuras universales.

–Desde luego. Por mi parte, averigüé que Margarita tenía contratada a una psíquica llamada Esperanza, oriunda de Michoacán, quien actualmente tiene su oficina en Polanco. Ella hace limpias a las personas y a las casas. Tiene conocimientos de la Cábala, que es una interpretación esotérica y simbólica de la Biblia. Su guía es Isaac Shaphiro. Me informaron que la presencia de Esperanza era requerida en Los Pinos a cualquier hora, inclusive a las dos o tres de la madrugada, para consultas urgentes. Y gracias a estos servicios fue premiada con viajes al Tibet y a Egipto, lugares que no conocía, ya que es de origen muy humilde, pero se dice que es capaz de ver y hablar con personajes de otras épocas, de adivinar enfermedades y prevenir males.

–Fue premiada con la lana de nuestros impuestos, claro. Pero pensándolo bien, Esperanza no les pudo ayudar mucho, porque al final del sexenio, ¡los invadió la desesperanza!

–Ada, agrégale más a esta confusión de pensamientos. Emma relató que el expresidente era un hombre muy cristiano: "Nada de que perdió la fe a los 14 años cuando leyó a Hegel, como dijo. Antes de salir de la casa, iba y le besaba los pies al Cristo que heredó de su familia. Lo hacía siendo presidente de la República, yo lo vi. Y me emocionaba. Y al final, ¡qué cambio! Le fue a sobar la panza a uno de los dioses del budismo. En eso acabó. Un cambio radical, un cambio de religión es un cambio de vida, y de conducta".

–Perdió la brújula entre tanta bruja.

–Y por eso Margarita tuvo esos reveses drásticos como directora de RTC (Radio, Televisión y Cinematografía). ¿Te acuerdas cuando la agarró en contra del conductor de noticias, Joaquín López-Dóriga?

–Ah claro. Esa persecución fue espeluznante. ¿Te sabes los detalles?

–Joaquín me lo contó en una entrevista que me concedió y que fue publicada en la revista *Época* en noviembre de 1999. López-Dóriga había dejado Televicentro (hoy Televisa) debido a un proyecto de noticias que le planteó al director del Canal 13 y que fue aprobado. El propio Emilio Azcárraga Milmo lo felicitó y apoyó para que lo realizara. Entró al entonces canal estatal como director general de Noticieros y Eventos Especiales, hasta el sábado 5 de septiembre de 1981.

–Ahí estaba ya en la mira de Margarita ¿verdad?

–Joaquín afirmó: "Me corrieron mediante un operativo de Margarita López Portillo, la hermana incómoda, ya que ella tenía un proyecto sucesorio: sus simpatías estaban con Javier García

Paniagua, mientras que yo, aunque tenía una buena relación con él, no debía inclinarme hacia ninguno de los tapados en mi calidad de director de noticieros. Me sentí muy mal porque me hostigó hasta donde le fue posible: me envió agentes de la Federal de Seguridad, me calumnió, me mandó hacer inútiles auditorías, porque nosotros no manejábamos el dinero en los noticieros. Lo que sí me dio risa fue cuando mandó 'exorcizar' el Canal 13, le puso al logotipo del canal un trébol de cuatro hojas, con el fin de borrar cualquier rastro o influencia mía".

–¿Qué pasó después de que Joaquín saliera del Canal 13?

–Entre otros fallidos intentos, Joaquín organizó, con un grupo de reporteros, un programa nocturno de noticias en radio *ABC*, mismo que tuvieron que dejar debido a que cambió la administración de la radiodifusora y entonces llegó un contador muy enérgico que les dijo: "Si para mañana no me pagan los dos meses que nos deben, salen del aire". Y en efecto, salieron del aire.

–¿Cómo está eso de que tenía que comprar el tiempo en lugar de que le pagaran un buen salario a este periodista tan talentoso y reconocido?

–Así fue. Joaquín explicó: "Debido a que el bloqueo de Margarita López Portillo era enorme, tenía que comprar mi tiempo en radio y nadie quería anunciarse con nosotros. La persecución llegó a tal punto que la mujer mandó pedir mi certificado de locutor, que por supuesto tenía, ya que no se podía trabajar en Televisa sin él". Además, López-Dóriga enfrentaba serios problemas de salud. Pero ya ves, salió adelante, gracias a su indiscutible inteligencia y al apoyo de su esposa.

–¿Y Joaquín, anteriormente, no había palpado la censura?

–A ello me respondió: "No había censura, sino líneas a seguir. En cambio, con Margarita fue terrible: todo el poder del Estado en manos de una desquiciada, una mujer fuera de sus cabales. Ahora, en su retiro, sólo se le ha ocurrido hacerle poemas al subcomandante Marcos".

–Y bien cursis. Algún espíritu burlón le habrá indicado que Marcos es la nueva revelación de la humanidad. Volviendo a esa amistad de Emma y Margarita, la cual dijiste que duró 20 años, ¿por qué la cortaron?

–El rompimiento se dio tres meses después de que su hermano dejara la presidencia, cuando Margarita le pidió a Emma que la defendiera ya que su imagen andaba por los suelos.

–Ni esta escritora, ni persona de este mundo y menos de otras galaxias podían hacer gran cosa, ¿verdad?

–Emma simplemente le exigió que presentara cuentas. Indignada, Margarita le dijo que esas ideas se las habían metido los banqueros, a lo que Emma respondió: "Yo no trato con banqueros, sino con taqueros. Si tienes las manos limpias, Márgara, presenta cuentas. Te quiero demasiado para pensar que esa mancha te quede ante la nación, por los siglos..."

–Mis respetos a esta doctora en filosofía y maestra en historia. Ya me imagino la cara que puso la dama esotérica, ya muy acostumbrada a que se le rindieran a sus pies. ¿Qué le replicó?

–Le dijo que si nadie había presentado nunca cuentas en este país, por qué las iban a presentar ellos, los López Portillo. Todavía la amiga, tratando de conciliar los ánimos, insistió: "Si nadie las ha presentado, qué bella ocasión para que sean ustedes quienes inauguren esa costumbre en México". Necia, Margarita insistió que eran ideas de los banqueros. Emma le explicó que se rumoraba sobre malversación de fondos, negocios sucios y si eso era calumnia, no quería que su queridísima amiga recibiera ese repudio del pueblo. Así, se acabó la relación de 20 años: con una palabra "cuentas", sin que la exfuncionaria se retractara en sus convicciones; se fue a España y no volvieron a dirigirse la palabra. Ante este rompimiento, Emma reflexionó que la misma Margarita reconocía que "estaba como pez fuera del agua" en RTC y, por ello, le sugería que mejor se saliera de eso y se pusieran a escribir cuentos junto con Mauricio González de la Garza y Margarita Michelena. Concluyó: "Lo de la política le vino muy grande a Márgara, no era su vocación, con todos los millones que pudiera tener, se pierde a sí misma. Erró la vocación y eso fue también en perjuicio de México; es algo que lo paga el pueblo. Aquella familia deliciosa y provinciana les tomó el pelo a todos y a ellos mismos, creyendo que podían seguir siendo los mismos, pero el poder corrompe todo. Aquí, en México, hay permiso para robar impunemente, pero quien roba en un país subdesarrollado y pobre como el nuestro, no es un ladrón: es un asesino."

–¡Qué sentidas y justas palabras de Emma! Murió con la frente en alto. Hay que tener en la memoria esta justa sentencia; que a los actuales funcionarios mayores y menores, no los obnubile esta vez, el mando.

–Que no se vuelva a repetir la misma historia.

–Ahora hay que entrarle al asunto de los choques pavorosos que Margarita provocó entre los cineastas...

–No podemos dejar a un lado ese negro capítulo. El meollo del asunto estuvo en el control de los fondos destinados por el gobierno al cine, una industria que durante el sexenio de Echeverría había recibido un fuerte apoyo. Como Margarita desconocía esa área, sus colaboradores tuvieron choques con funcionarios que venían del gobierno anterior y la represión fue brutal. Bosco Arochi, quien fuera director general de los Estudios Churubusco, le relató a Enrique Krauze: "De repente entró la policía a los Estudios Churubusco y otras industrias para aprehender y encarcelar alrededor de 40 cineastas. A casi todos ellos se les inventaron cargos; en mi caso, se me acusó en forma ridícula de un fraude de 5 mil millones de pesos, cantidad que nunca ha tenido la industria cinematográfica. Durante seis días fuimos secuestrados y torturados con agua mineral, toques y golpes. Y se nos hizo firmar actas dictadas por ella".

–¿Y nadie pudo denunciar, controlar o correr a Margarita por semejantes barbaries?

–Sólo lo hubiera podido hacer la Secretaría de Gobernación, de donde depende RTC. El entonces titular, Jesús Reyes Heroles, tuvo tantos enfrentamientos con ella, que el incondicional hermano José lo destituyó y puso en su lugar al profesor Enrique Olivares Santana, aun cuando Reyes Heroles se había cubierto de gloria al haber realizado la gran reforma política, una serie de acuerdos con los partidos de oposición que abrió la puerta a una reforma de Estado.

–Ah, ahora ato cabitos. Sara escribió que la familia de López Portillo era prepotente y déspota, inclusive una de las hermanas del preciso corrió a don Jesús Reyes Heroles de su oficina cuando se atrevió a hacerle un reclamo, gritándole: "A mí ningún perro me ladra en mi propia casa". Ya sé de quién se trata. ¿Te fijas? Les encantaba aludir a los perros.

–Fijaciones perrunas. Como bien lo afirmó Krauze en *México Siglo XXI*: "Margarita convirtió sus caprichos en actos de gobierno". Nadie pudo contener a la familia López Portillo.

–Y acuérdate del papelón que hizo Margarita cuando estaba duro y dale con hacer la película *Toña Machetes*, basada en su novela.

–El asunto anduvo del tingo al tango. La productora oficial CONACINE anunció en marzo de 1980 que se filmaría la película y un año después se publicó que María Félix sería la estrella. Benito Alazraki, director de CONACINE, calculó el presupuesto en 25 millones de pesos de esa época. Además, se manejaba todo un abanico de directores de primera línea. El rodaje de la película se atrasaba, mientras corrían rumores de cambios de actores, locaciones y presupuestos. Inclusive, la Doña decidió que se agregaran escenas en París.

–¿Y por fin qué pasó?

–El presupuesto se dobló y luego se hablaba de 70 millones de pesos, demasiado. Esto se lo dijo el director Raúl Araiza al reportero Federico Campbell en *Proceso*. Reveló que aunque a él no le pagaron nada, fue frustrante. Y también habló del ambiente que prevalecía en el cine: "Margarita se decepcionó de los directores mexicanos porque, según ella, no hicimos nada digno. Los que sí se distribuyeron muy bien en ese año fueron los filmes adquiridos en el extranjero". Inclusive, María Félix declaró en París, unos días después de que Alazraki notificara la cancelación de la película, el 16 de abril del 82: "A mí nadie me quita de la cabeza que los consejeros extranjeros de que está rodeada la señora Margarita fueron los que finalmente la indujeron a no hacer la película. Yo me opuse terminantemente a que la dirigieran, fotografiaran y actuaran extranjeros, de España o Francia".

–Anda candado. María, como siempre, sin pelos en la lengua. Inolvidable, a pesar de su reciente fallecimiento.

–María es punto y aparte. ¿Sabes qué le contestó entonces Margarita a la Doña, por medio de un texto que leyó a la prensa? Luego de explicar que la suspensión de la película se debió a razones económicas y no tener prejuicio alguno contra extranjeros, afirmó: "El cine mexicano no está bajo ninguna influencia extranjera; tengo un colaborador hispano, inteligente y dinámico, sólo uno, trabaja las cosas en orden y con honestidad. Respecto a María, ella debe entenderme más que nadie puesto que se casó con un gentilísimo extranjero. Vivió felizmente 20 años a su lado y habita permanentemente en Francia, donde es recibida por todos con los brazos abiertos". Y para acabar, aseguró que nadie más que ella "gobierna RTC, ahí no hay virreyes, sino sensatos colaboradores; las mujeres tenemos carácter firme y voluntad".

–Mira cuánto carácter demostró que todo salió mal. ¿A cuánto ascendería el derroche en los planes frustrados de la película?

–Francisco Ortiz de Zárate, asesor jurídico de la ANDA, dijo que, al principio del compromiso, María Félix recibió un millón de pesos de esa época. Agrégale los otros cuatro guiones que se hicieron por capricho: Ricardo Garibay fue recompensado con 550 mil pesos, después se lo pidieron a Luis Alcoriza, a Benito Alazraki y Jorge Patiño, quien dijo que le pagaron bien. El galán de la película iba a ser Alfredo Leal, quien afirmó que le pagaron 250 mil pesos antes de firmar el contrato. A Ignacio López Tarso, quien iba a actuar como el padre de Toña Machetes, también se le contrató y remuneró. CONACINE anunció en junio del 82 el pago de un millón y medio de pesos a actores y técnicos por no filmar *Toña Machetes*, sin incluir el sueldo de María. Pero la ANDA demandó a la productora oficial por 3 millones 500 mil pesos.

–Újule. Además, por ese tiempo hubo un misterioso incendio en la Cineteca...

–Precisamente Jorge Patiño cree que "la suspensión de la película se debió al incendio de la Cineteca, de modo que políticamente ya no se podía filmar un guión basado en una historia de la señora Margarita y tal vez influyó el fracaso de la película *Campanas Rojas*". La misma Margarita anunció luego que prefería que se filmara la cinta *La casa acribillada* en lugar de su película, "teniendo en cuenta el mensaje revolucionario, cultural y nacionalista que contiene el guión del asesinato de los Serdán".

–Tan fácil le dio vuelta al asunto. La crisis del cine mexicano se acentuó tanto que hasta su sindicato andaba en la quiebra y eso que, generalmente, a los sindicatos les va a todas margaritas. Decían que como no había trabajo, le debían al IMSS un dineral.

–Otra vez el gobierno fracasaba como empresa. Ah, no puedo pasar por alto las revelaciones que María Sabina, la sacerdotisa de los hongos alucinógenos, le hizo a Ignacio Ramírez en la revista *Proceso*, en Huautla, Oaxaca. Fue una magnífica y última entrevista que le diera María, semanas antes de su muerte.

–¿Qué edad tenía esta famosa y sabia chamana?

–Cumplía los 96 años. Con la voz apagada, entre humo de incienso y copal, flores y veladoras, nichos e imágenes religiosas, María reflexionó: "A los indios, Dios nos da sabiduría, pero dinero, no. Se han hecho ricos conmigo, mientras yo me muero aquí de hambre y de sed, ¿por qué tanta ingratitud?"

–Increíble, si la visitaban artistas y personajes de todo el mundo.

–Así es, pero nada más la explotaban. Comercializaban sus rezos y cantos, su mundo, sin darle remuneración alguna. Y cuenta que ella creyó, ingenuamente, que su sino cambiaría cuando le anunciaron que Margarita, la hermana del presidente, vendría a verla. Y en efecto, fue. Le dijo: "María Sabina, admiro tu sabiduría, he oído hablar de tus curaciones, de tu mundo mágico y vengo a aprender de ti. Vamos a filmar una película de tu vida y vivirás igual que yo, no te faltará nada".

–A quien no le dan pan que llore. Ya me imagino cómo se iluminaron sus ilusiones.

–Parecía que todo iba como miel sobre hojuelas. La película, en efecto, se filmó: *María Sabina, mujer espíritu.* Se exhibió en el Festival Cinematográfico de Berlín, con la voz del escritor oaxaqueño Andrés Henestrosa en los cánticos ceremoniales y fue dirigida por Nicolás Echavarría. Anota Ignacio Ramírez: "Aún se recuerda la escena grotesca de la premiere, de esmóquines y vestidos largos, de abrigos y perfumes, cuando doña Margarita elegantemente vestida entró a la sala cinematográfica acompañada de la misma María Sabina, ¡de huipil y huaraches!". Recuerda Sabina que la acompañaron su nieto Eduardo y sus hijas María Apolonia y María Viana, "pero de regreso a Teotitlán teníamos mucha sed y no llevábamos dinero". Por la película, en la cual la obligaron a tomar hongos, pues ella no quería, recibió tan sólo ¡25 pesos!

–¿Te cae? ¿No reclamó?

–Sí, le mostró a Ignacio una carta que Juan García tradujo del mazateco al español. La envió a doña Margarita el 6 de mayo de 1981: *Yo no sé si usted ya se olvidó de mí porque al igual que otros me tienen sin comunicación, ya que de mi película sólo obtuve $25.00. Y no sé cómo estuvo el asunto entre usted y el señor Álvaro Estrada, porque él fue el que me dio la cantidad antes mencionada. Y cuando regresé a mi tierra natal de Huautla no tuve ni para tortillas en la población de Teotitlán. ¿En dónde están los fondos recaudados por mi película?*

Y María Sabina no recibió respuesta.

–Pescó a María Sabina con el anzuelo de volverla millonaria y la dejó botada. Ni más qué decir. Oye, Eli, recuerda un hecho importante: El atentado que sufrió Margarita, unos meses antes de que su hermano tomara posesión de la presidencia.

–Precisamente aquí traigo datos de la prensa: "Un comando de la Liga 23 de Septiembre integrado por varios hombres y una mujer con metralletas y una pistola, intentaron asesinar a la escritora Margarita López Portillo, en las calles de Atlixco y Juan Escutia, en la colonia Condesa, cuando ella se dirigía a su oficina a las diez y media de la mañana del 11 de agosto de 1976. Aunque el ataque fue repelido por el personal de seguridad que la acompañaba, en el tiroteo resultaron muertos, nada menos que el jefe de la Liga Comunista 23 de Septiembre, David Jiménez Sarmiento, y el agente Salvador Vega Chávez, además de quedar heridos otros tres integrantes del cuerpo de seguridad de Margarita: El chofer Guadalupe Ruiz Jáuregui que perdió el control momentáneo del auto que manejaba y se estrelló en una farmacia, Roberto Reynoso Valdez y Salvador Camarena Benítez".

Ada asombrada, comentó que fue increíble que Margarita saliera ilesa.

–Realmente fue un milagro y al día siguiente, Margarita hizo declaraciones a la prensa. Con respecto a su escolta, dijo: "¿Qué mal han cometido? ¿Ser gente de trabajo? Lamento también que haya sido una mujer quien disparó contra mí su metralleta. Fueron muchos, incontables balazos que pasaron rozando mi cuerpo y cabeza. También ellos me apenan, porque son mexicanos como yo y todos deberíamos estar unidos y luchar por mejorar tantas cosas que andan mal en nuestro país. No soy, ni es mi familia, una familia de burgueses. Hemos vivido siempre dentro de la mayor austeridad. Hemos trabajado duro. ¿Por qué este odio? ¿Desear la paz es un delito? ¿Desear orden es un delito? Invito a nuestros agresores a la reflexión y a la concordia. Basta ya de crímenes".

–En ese intento de concordia, recuerdo que a los dos años de su mandato, Jolopo promulgó una ley de amnistía que liberó a unos 160 miembros de los diversos grupos guerrilleros.

–Exactamente. Toda la labor para frenar el terrorismo por parte de Miguel Nazar Haro, entonces al frente de la Dirección Federal de Seguridad, se fue abajo. Los secuestros y asaltos, al mando de diversos grupos y guerrilleros, han aumentado de manera escalofriante.

–Lo más asombroso es que a muchos agitadores, huelguistas o guerrilleros, el PRI los ha premiado con la participación en el presupuesto federal. Y, últimamente, el PRD ha dado chambas en el gobierno del Distrito Federal a exparistas de la UNAM, a exinvasores de terrenos y toda una gama de agresivos manifestantes. Luego se sorprenden cuando otros políticos roban y saquean, teniendo como colegas a semejantes fichitas.

–El juego de héroes y villanos en el PRI y PRD es muy contradictorio. Igual convierten en funcionarios a exdelincuentes que exfuncionarios se vuelven delincuentes. Y el triste resultado es la impunidad.

–Un círculo vicioso, Eli. Oye, si Margarita acusó a Carmen Romano de que gastaba mucho, ¿qué tal si le sacamos a la hermana del preciso la libretita personal de contabilidad?

–Buena idea. Empecemos por la casa en Cuernavaca. Mauricio González de la Garza le platicó a Ortiz Pinchetti que visitó a su amiga Margarita en enero de 1981, cuando acababa de estrenar su casa musulmana y por lo tanto lo invitó para que la conociera.

–Esto indica que la construyó cuando aún era funcionaria.

–Correcto. Dijo el periodista que recorrieron los jardines de la casa y observaron la pequeña pirámide que utilizaba Margarita para meditaciones en su interior.

–¿En un jardín musulmán hacía meditaciones egipcias? Mejor pido un café turco para ver si en el fondo encuentro mi destino.

–No te contagies, Ada. Emma aseguró que Carlos Hank González, entonces regente del D.F., le obsequió la varilla y el cemento, mientras el gobernador de Querétaro le envió la piedra labrada para su casa veraniega, facilitándole gastos de su propio bolsillo.

–Muy apapachada con regalitos del presupuesto. Ni las gracias nos dio a los contribuyentes. Como yo andaba en la chilla, creo que nada más cooperé con algunos centavitos. Y qué dices de los terrenazos en la Tercera Sección del Bosque de Chapultepec, donde Margarita y su hermana Alicia se hicieron sus residencias, ¿te acuerdas?

–Claro, guardé el reportaje de José Reveles en *Proceso* y aquí lo traigo. Esto sucedió poco antes de finalizar el sexenio de López Portillo. La calle de Cumbres de Acultzingo, trazada en curvas por las barrancas de Lomas Altas, llegaba hasta el número 300, pero fue extendida gracias a que Hank González logró agenciarse terrenos del bosque de Chapultepec, quedándose él mismo con una parte y ofreciendo el resto a sus amigos. En el número 303 de Cumbres, entre las avenidas Reforma y Constituyentes, está "el abigarrado conjunto arquitectónico de aires moriscos y granadinos", donde tienen sus residencias doña Margarita y Alicia López Portillo, doña Cuquita, la madre de ambas y Pilar Cordero, hija de Margarita. Una cuarta construcción con pared a la calle, "que semeja un caserío vasco" de dos pisos, es la habitación de la escolta. Y debido a que el director de licencias de construcción de la Delegación Miguel Hidalgo le negó información al reportero, acudió a arquitectos e ingenieros, quienes calcularon que ese conjunto de tres residencias ocupa unos 2,500 metros cuadrados, y con gastos de construcción y de relleno de las barrancas, la inversión ascendió a unos 450 millones de pesos de aquella época.

–No se midió Hank. Sé que ofrecía comidas y les obsequiaba centenarios de oro a los periodistas que cubrían la fuente de la regencia capitalina para tenerlos contentos.

–Y las fiestas que armaba con sus amigos eran de antología, las más extravagantes y derrochadoras, según diversos cronistas de sociales. Puro intercambio de regalos con dedicatoria para que dijeran lo conveniente y callaran lo reprochable. Suma la corte de reverencias, por lo que Margarita ha de haber recibido un titipuchal de obsequios. Sé de un collar de perlas que le gustaba lucir, regalo de Durazo. Y con esa idea de que no tenía por qué dar cuentas si nadie lo hacía, pues qué a gusto.

–Muy censurable. Y volviendo al tema de la censura, Mauricio González de la Garza, gran amigo de Margarita, huyó del país. ¿Cómo fue que fue?

–Mauricio contó a Ortiz Pinchetti que tuvo que huir de México a raíz de su libro *Última llamada*, una fuerte crítica al sistema político mexicano, que se publicó en marzo de 1981. Relata que cuando su original estaba en la editorial Grijalbo, dos amigos suyos, cuyos nombres se reservó, le ofrecieron cinco millones de pesos a cambio del texto. Logró cancelar el contrato con Grijalbo debido a la cláusula en que la editorial podía hacer cuantas modificaciones quisiera al texto y lo publicó en Edamex. Dos meses antes, Margarita le había pedido el original del libro en su casa de Cuernavaca para echarle un vistazo, pero él dijo que se lo daría ya impreso.

–Así que Margarita quería pasarlo por su tamiz.

–Por supuesto. Ya impreso, Mauricio relató que llamó a su amiga para obsequiarle un ejemplar. Le dio cita en Los Pinos y cuando llegó había un grupo de invitados, quienes estaban muy dispuestos a que Mauricio les leyera algunos pasajes de *Última llamada.* Mientras leía, la gente se movía de un lado a otro y Margarita exclamaba: "¡Qué barbaridad! ¡No!" Emma Godoy, ahí presente, dijo: "Qué bueno que dice esas cosas en Los Pinos porque esta residencia la pagamos nosotros" y más avanzada la lectura ella exclamó: "Mauricio, tú de aquí a la cárcel". Entonces Margarita intervino para afirmar: "No, no faltaba más, este es un país de libertades". Al salir de ahí, Margarita le obsequió a Mauricio un elefantito para la buena suerte de su libro.

–¿Le dio suerte el paquidermito?

–Qué va. Mauricio contó que luego Margarita le envió unas rosas con motivo de la aparición de su libro, por lo que él escribió un artículo sobre ese detalle y dedujo luego que ése fue el detonante que enfureció a su hermano Pepe.

–No le ha de haber gustado nadita de na' que su hermana apoyara a semejante crítico. Celoso. ¿Y qué más pasó?

–Mauricio describió que estaba agotado por escribir el libro en dos meses sin horario, por lo que esto le afectó al corazón, mientras sus dos teléfonos no dejaban de sonar con la amenaza de: "Te vamos a matar, te vamos a matar". Supo que el entonces funcionario Miguel de la Madrid estaba furioso por su libro. Se enteró entonces que en *Excélsior,* donde trabajaba, se publicó un artículo contra él, firmado por un tal Francisco Magón, cosa que se le hizo raro, ya que el director, Regino Díaz Redondo, había dicho que bastaba de ataques entre unos reporteros y otros, que mejor se conservaran como una familia. Pidió hablar con Regino una y otra vez, pero se negó hablar con él. Esa fue su salida de *Excélsior.* Asegura que luego se enteró y lo confirmó en el propio periódico, que ése y otro artículo del tal Magón fueron enviados directamente por la presidencia de la República, concretamente por Francisco Galindo Ochoa, por órdenes presidenciales. Un motociclista los llevó desde Los Pinos.

–Otra campaña oficial de desprestigio y cese de trabajo.

–Ya sin tribuna y enfermo, dijo Mauricio, lo visitó su amigo Miguel Lerma Candelaria, quien había sido secretario de Miguel de la Madrid, era amigo del secretario de la Defensa, del presidente del PRI y del secretario de Gobernación. Le advirtió que lo querían matar. Mauricio no supo si él quería salvarlo o era parte de la trama para sacarlo del país. El caso es que dice que en un avión que alguien le había prestado a Lerma, ambos volaron esa misma noche a El Paso, Texas, y de ahí Mauricio viajó a Europa con diez mil dólares que le prestó el amigo. Luego, cuando Mauricio regresó a México, el secretario de Lerma le cobraba el dinero prestado, pero Mauricio se negó a pagarle a menos que tuviera un recibo del propio Miguel. Y dijo que le envió un cheque a Miguel de la Madrid, cuando asumió la presidencia, pero nunca fue cobrado y concluyó: "El dinero lo tengo y en mi herencia está claro su destino".

–Entonces las amenazas a Mauricio tenían dedicatoria de la familia priísta. Sólo ellos decidían quiénes eran los escogidos y consentidos del sistema, pienso yo.

–A pesar de todo, Mauricio no le guardaba rencor a su amiga Margarita, a quien dice que nunca le pidió favores para no tener deudas con ella. Sólo deducía: "Para mí, lo que a ella le ocurrió, es lo que le pasa a cualquier persona si le dan 200 vueltas. El poder es algo terrible, que nadie puede soportar. Nadie. Y eso le pasó a Margarita".

–Exageraba, porque no todos los que han tenido poder, han perdido la cabeza. Imagínate, de ser así, México ya estuviera hecho añicos.

–Voy de acuerdo, no se puede tasar todo con la misma medida. Te cuento un último detalle de Mauricio, quien luego recordó que sí le pidió un favor a Margarita, en aquella visita que le hiciera en Cuernavaca en enero de 1981: Una beca para dos personas, por un mínimo de cinco años, suficiente para poder viajar, ir a hoteles de cinco estrellas y comer bien. Margarita primero guardó silencio, extrañada, pero luego dijo que sí, y le pidió los nombres. Mauricio le respondió: "Una beca para Margarita López Portillo a partir del primero de diciembre de 1982 a las dos de la tarde y otra para su acompañante". Margarita, impresionada, le preguntó: "¿Crees que vaya a ser así de terrible?" Mauricio asegura que le contestó: "No, va a ser peor".

Mucho peor de lo que ella hubiera imaginado. La hermana más querida del presidente ha sufrido diversas convalecencias y agresiones de sus propios familiares. En el año 2000, logró publicar su libro: *Yo soy mis cuentos.*

ALICIA, SIN EL PAÍS DE LAS MARAVILLAS

La familia López Portillo estaba en la cumbre. "Pensemos en grande para ser grandes, seremos grandes", dijo el mandatario en su informe, con una megalomanía a todo vapor. El Palacio Legislativo lo aplaudió a rabiar, sometido a todos sus caprichos. O como bien lo apuntó el ingenioso Germán Dehesa: "En las épocas de oro del priísmo, los legisladores le servían de tapete de Temoaya al presidente en turno".

Es más, los legisladores ni chistaron cuando don José quiso darle el mejor regalo a su madre Refugio Pacheco y Villa Gordoa, quien solía bendecirlo haciendo una cruz con su mano sobre la frente del presidente. Como doña Cuquita no había tenido el gusto de conocer al papa, su hijo decidió traerlo a casa, para que ella no se molestara en ir a Roma, entre aquel gentío de fieles. Dijo textualmente al historiador Enrique Krauze: "Mi madre era profundamente religiosa, por eso no vacilé en llevar al papa a Los Pinos, para que mi madre gozara de su personalidad".

La adoración que sentía López Portillo por su mamá lo llevó, sin miramientos, a pasar por alto los preceptos constitucionales que marcaban la separación entre la Iglesia y el Estado. El analista político Federico Reyes Heroles, hijo del entonces secretario de Gobernación, afirmó al respecto: "El presidente se mofaba de la ley, diciendo que 'si la reglamentaria del Artículo 130 de la Constitución establece que hay multas, yo pago las multas', situación muy incómoda para Jesús Reyes Heroles, cuando no había relaciones entre El Estado del Vaticano y el Estado mexicano".

Así fue como el papa Juan Pablo II realizó su primera visita a México, el viernes 26 de enero de 1979, y besó el suelo mexicano. En el aeropuerto, el presidente lo recibió, tomado de la mano de su esposa Carmen. Luego su Santidad celebró una discreta misa en Los Pinos y luego otra multitudinaria en la Catedral Metropolitana, con el Zócalo repleto de fieles.

Ada y Elisa recordaron, sentadas en el sillón de la sala del pequeño departamento de la chaparrita, la emoción de la gente que lloraba, aplaudía, extendían los brazos y lo llamaban a gritos.

–Siquiera que en este capricho le dio gusto a la mayoría de la gente; como quien dice, Jolopo hizo chuza —opinó la anfitriona.

–Desde luego. Y a partir de esta visita, la Iglesia Católica tomó nuevo aire: aquella persecución por sus excesos de influyentismo y poder de épocas pasadas parecía olvidarse.

–Con esa cándida sonrisa y expresión bondadosa de este papa, hasta al más rebelde se le encoge el corazón.

–Es el gran apóstol de la paz y ha mostrado un cariño especial por nuestro país. Nada más que otros padrecitos, obispos y arzobispos de cuña mexicana ahora se sienten tan iluminados, que andan de metiches en cuestiones políticas, como el obispo de Ecatepec, Onésimo Cepeda, quien fuera amonestado por la Curia al declarar públicamente estar a favor del PRI, durante la campaña presidencial de Francisco Labastida Ochoa, cuando su misión es la de salvar almas. Y acuérdate del ridículo que hizo el cardenal Norberto Rivera Carrera cuando sólo invitó a su casa a Labastida Ochoa en ese mismo año de 2000 y, cuando vio que el tino le falló en las elecciones, lueguito le dio la bienvenida al presidente electo, Vicente Fox.

–Había una hermandad subterránea entre la curia y el partido único en el poder. Los presidentes del tricolor se cuidaban de no admitir públicamente que eran católicos, pero eran bautizados y casados por la Iglesia, se codeaban con cardenales y arzobispos y le pedían a Diosito que los sacara de problemas. Permitían, entre comillas, que en los colegios de curas y monjas se impartiera esta religión, a cambio de moches y mordidas a los inspectores. Y por eso ha habido tantos desmayos y críticas contra Fox al profesar abiertamente su religión —dedujo Ada, nada persignada.

–Más vale ser derechos. Recuerda que durante la cuarta visita del papa Juan Pablo II en enero de 1999, Cuauhtémoc Cárdenas, hijo de un presidente que propagó el comunismo, recibió emocionado al papa en el edificio del gobierno de la ciudad, mientras algunos perredistas de izquierda, le besaron la mano a Su Santidad y otro, ¡hasta los pies! No entiendo por qué sólo atribuyen la mochería al Partido de Acción Nacional si abunda en el país, tengan la etiqueta que tengan. Ahí está el ejemplo claro de López Portillo, quien decía haberse apartado de la fe.

–El hijo pródigo, la oveja descarriada...

–Párale, Ada, en el confesionario ya expurgará sus pecados, si es que algún día los reconoce, porque él solamente habla de errores. No tenemos sotana. Mejor seguimos escudriñando los hechos y cada quien que los juzgue, con su libre albedrío.

–Bueno, yo sólo quiero decir, que los López Portillo no estaban libres de pecado para lanzar esas agresiones a ciertos ciudadanos.

–Deleznables. Aparte de los garrotazos que dio Margarita, nos falta hablar de otros escándalos, como el de la bravía cantante y actriz chiapaneca Irma Serrano, quien suele encomendarse a San Caralampio, el patrón de su pueblo Comitán y, por otro lado, al Diablo, para fregar a sus enemigos, siguiendo con la gama de estilos de fe tan contradictorios que abundan.

–Pero si a ella el gobierno no la ha tocado ni con el pétalo de una rosa —comentó Ada, desconfiada, mientras ponía instrumentos sobre una toalla en la mesita de centro para pintarse las uñas con un barniz rojo frenesí.

–Ah, pero te puedo asegurar que Irma Serrano y yo nos llevamos tremendo susto cuando deportaron a la editora del libro *A calzón amarrado*, que salió a la venta en mayo de 1978. Yo acababa de escribirle a Irma sus satíricas memorias, y entonces decidimos que sólo mujeres intervinieran, pensando que la agresiva censura respetaría nuestra condición femenina. Las caricaturas estuvieron a cargo de Palmira y la edición del libro fue responsabilidad de la noruega Gerd Fleischer.

–¿Por qué se fueron sobre la editora?

–Gerd misma me contó que antes de formar Fleischer Editora S. A. había trabajado en la editorial Grijalbo, la cual publicó un libro del vidente Uri Geller, quien presumía de poseer poderes sobrenaturales. Ella se encargó de organizar el itinerario de Geller durante su visita a México. Fascinada con la prestancia y el supuesto poder mental de Uri, Carmen Romano mandó pedirle a Gerd que le concertara una cita. El encuentro tuvo lugar en el restorán El Lago, en la segunda sección del bosque de Chapultepec. La rubia noruega fungía como traductora. Me describió que la señora Romano le pidió a Uri tres cosas: el privilegio del poder después de dejar la presidencia y la fórmula para evitar la caída del pelo y el envejecimiento. Este hombre joven y bien parecido, cuyo espectáculo era doblar cucharas con la puritita fuerza mental, le pidió a la entonces primera dama de la nación que trabajaría en sus peticiones, a cambio de que ella le arreglara su situación migratoria.

–Dando y dando, pajarito volando, dice el refrán.

–Uri no daba paso sin huarache, o más bien, sin zapato de charol. Con una mera señal que hiciera con la mano la guapa primera dama, unos ayudantes que estaban discretamente escondidos entre las plantas decorativas se acercaron. A ellos les dio la documentación que traía Uri, aprovechando tan preciada ocasión. Mi editora noruega agregó que arregló otras citas posteriores con ambos, sin darme detalles, por discreción. Sólo me comentó que con este acercamiento a doña Carmen y las amabilidades que le había brindado, sentía un gran apoyo. Precisamente, Gerd estaba en trámites para arreglar su residencia en México, confiada en lograrlo.

–Se supone que contaba con tan altísimas influencias. ¿Y de a tiro agarraron a Gerd de sopetón?

–Sucedió a los 11 días de publicado el libro de Irma. A las nueve de la noche tocaron a su puerta unos agentes de la Secretaría de Gobernación y en cuanto abrió, se la llevaron a un sótano que tenía ese organismo, sin darle siquiera oportunidad de tomar su bolso. Tampoco le permitieron comunicarse con nadie. Al día siguiente, la metieron a un avión con destino a Oslo. De ahí, ella me escribió una carta pidiendo saber cuál fue la causa y bajo órdenes de quién la sacaron del país. Inclusive, un niño mexicano que Gerd había adoptado, quedó otra vez en la orfandad.

–¿Y qué hicieron ustedes?

–Nos comunicamos a la Secretaría de Gobernación. Ahí nos indicaron que el artículo 33 se aplicaba sin obligación de dar explicaciones, ya que dicta: "El Ejecutivo de la Unión tendrá facultad exclusiva de hacer abandonar el territorio nacional, inmediatamente y sin necesidad de juicio previo, a todo extranjero cuya permanencia juzgue inconveniente". Al ignorar el motivo, Irma me llamaba todos los días para preguntarme: "¿Estás bien? ¿Estás todavía ahí?". Inclusive decidió que asistiéramos al programa noticioso *24 Horas*, donde Jacobo Zabludovsky dio oportunidad de que Irma dijera públicamente: "A nosotras no nos pueden deportar porque somos mexicanas". En esos días de terror hicimos conjeturas al respecto: ¿Se deberá a que Rodolfo Echeverría, sobrino del expresidente, era subsecretario de Gobernación? ¿Será que doña Carmen prefirió mandar lejos a Gerd para guardar el secreto de su amistad con Uri? ¿Será que Fleischer debió arreglar su situación migratoria antes de lanzar libros tan escandalosos como el de Irma Serrano y el de la regiomontana Irma Salinas? ¿Sería para darnos un sustazo a nosotras? Pues sí que nos lo dio, aún cuando hasta funcionarios se reían de las ocurrencias de *A calzón amarrado.*

–A lo mejor las salvó el hecho de que no se metieran con el presidente en turno, con Jolopo —discurrió Ada, ante la encrucijada.

–Es que era muy prematuro para que Irma le supiera algo. Apenas llevaba año y medio en la presidencia y parecía discreto, ecuánime.

–Ah, y también ustedes se cuidaron de no poner nombres y apellidos, por si las moscas.

–Claro. Nosotras pensamos que sería suicida hacerlo. Irma basó su sátira política en la lambisconería de los políticos por escalar peldaños hacia la presidencia. En aquel entonces, como casi nadie se atrevía a criticar a las figuras presidenciales, el libro rompió récord de ventas. Ordenábamos ediciones de sesenta mil ejemplares cada una. Alcanzó el millón de ejemplares y, hasta la fecha, se sigue vendiendo.

–La censura ayuda a popularizar lo prohibido.

–Eso sí que lo comprobamos. Oye, ¿Te acuerdas cuando Bellas Artes se cimbró con un arranque presidencial muy visceral?

–¡Volaron cabezas! —dijo Ada extendiendo la mano con tanta vehemencia que dejó embarrado el barniz de dos uñas en el brazo del sillón. De inmediato talló la mancha con un algodón impregnado de quitaesmalte. Perdón por el exabrupto.

–Calma, chica, calma. Y lo peor fue que ni siquiera Carmen Romano era la aludida. Tengo información de primera mano. Entonces era director general del Instituto Nacional de Bellas Artes el honorable licenciado Juan José Bremer, mientras que el agudo escritor Gustavo Sáinz estaba a cargo de la Dirección de Literatura. Nada más que la tenía un tanto descuidada por sus constantes viajes a Albuquerque, Nuevo México, donde radicaba. En 1980, cuando revisaba a toda prisa el material para la publicación *La Semana de Bellas Artes*, su equipo le dijo a Gustavo que había un ensayo de María Velázquez que les pareció mal escrito y sin mayor función cultural. Sin embargo, Sáinz lo aprobó a última hora y ordenó que lo metieran para cubrir un espacio. El ensayo hablaba de una mujer muy pintarrajeada, al punto de semejar una prostituta, sin mencionar el nombre. La ensayista en realidad se refería a Azul Landeros. Y sin embargo, Carmen Romano creyó que hablaban de ella; se puso el saco que no le correspondía. El ataque fue brutal contra la institución. Cuando el licenciado Juan José Bremer fue a hablar personalmente con José López Portillo para dar una explicación, el presidente lo hizo dimitir de su cargo, además de agredirlo físicamente, según se supo. Y María Velázquez fue objeto de tantas amenazas, que tuvo que salir del país. El único intocable fue Gustavo, quien siguió por un tiempo más en ese cargo.

–A lo mejor a la familia les dio temor que el escándalo se

extendiera a Estados Unidos. Allá no podían desenvainar la espada condenatoria...

–Desconozco qué "código moral" les impidió atacar al escritor responsable directo del deplorable ensayo.

–Bueno, la censura se aplicaba "a según el sapo es la pedrada", como decía mi abuelita.

–Nada más que ellos eran incapaces de reconocer sus errores. Todo fue cayendo por su propio peso —opinó María Elisa.

–El peso se hizo más choncho con tanto alarde de poder. Aparte de la esposa y Margarita, acuérdate que a doña Refugio la puso al frente del Instituto de la Senectud. Y a su primo hermano, Guillermo López Portillo y Vernon, lo nombró Director General del Instituto Nacional del Deporte. Mi tío Lalo, que es fanático del futbol, me contó que este abogado sí se preocupó por hacer buenas obras: transformó la instalación deportiva en Popotla, renovó el plan sexenal del deporte y también instaló unidades deportivas en varios estados. Dice que, inclusive, aparecía mucho en los diarios y en la tele.

–Fíjate que don Guillermo mismo me contó: "A instancias de José Ramón y Miguel de la Madrid me despidieron del cargo en 1981. Inventaron un pequeño desvío de fondos, pero el verdadero motivo era que yo había adquirido mucho renombre, cosa que les incomodaba. Así, desapareció el Instituto y se creó la Subsecretaría del Deporte a cargo de Manuel Mondragón".

–Las vueltas que da la vida: hoy es el abogado defensor de Sasha Montenegro.

–Y tal parecía que su hermana soltera, Alicia, en calidad de su secretaria particular, pasaría un tanto desapercibida hasta que fue señalada en la revista *Proceso*, con información de Carlos Marín.

–¿Y qué hizo Alicia?

–Nada menos que recomendar la compra de los dos barcos gaseros mediante un intermediario, cuando Jorge Díaz Serrano era director de Petróleos Mexicanos, según lo publica la revista *Proceso*, el 11 de julio de 1983.

–El encarcelamiento de Díaz Serrano levantó ámpula, nerviosismo, intriga y de tocho morocho cuando estrenaba la banda presidencial Miguel de la Madrid, y andaba con su bandera de la renovación moral, ¿verdad?

–Exactamente. Vamos a ver los dos lados de la moneda. El de la prensa de esa época con datos de la Contraloría (auspiciada por el gobierno de Miguel de la Madrid) y el otro: la versión de Jorge Díaz Serrano, quien me dio una reciente entrevista exclusiva el 4 de marzo de 2002 para este libro. Y te vas a quedar muda de asombro.

–Está cañón que me calle la boca —reviró Ada, la deslenguada. —Pero a veces me faltan palabras para despepitar lo que me palpita por dentro.

–De entrada, hay que reconocer lo más importante: Gracias a la visión de Díaz Serrano de extender los pozos petroleros al mar, entraron y siguen entrando hasta la fecha las más altas divisas a México. Su amigo José entró al poder ya con problemas sociales graves de desempleo, déficit fiscal y una deuda externa de 20 mil millones de dólares que le heredó el gobierno de Luis Echeverría; con la agravante de que se habían agotado los recursos petroleros por lo que se dijo que México tendría que importar crudo.

–Anduvimos muy tristes con ese saldo.

–La situación se veía caótica. Ni para dónde voltear. De inmediato, Díaz Serrano le aconsejó a su amigo Pepe conseguir dinero en el extranjero para usarlo como punta de lanza en la exploración de petróleo en el mar. El primer pozo obtuvo 30 mil barriles diarios y de ahí en adelante, creció la producción a pasos agigantados: en 1980 se contaban 2 millones de barriles diarios. Las exportaciones del oro negro pasaron de cero a un millón 300 mil barriles diarios en sólo cuatro años. El mismo presidente anunció orgulloso que las reservas petroleras potenciales ascendían a 200 mil millones de barriles, cifra que colocaba a México al nivel de los grandes productores árabes. Imagínate, Ada, en 1981, Jolopo tomaba decisiones que representaban una inversión de unos ¡70 millones de dólares por hora! Esto estimó el escritor Gabriel Zaid. "Ningún monarca en el mundo tenía, en términos relativos, un poder semejante", afirmó Enrique Krauze. Jesús Silva Herzog, quien fuera secretario de Hacienda y Crédito Público de marzo a noviembre de 1982, aseguró que entraron unos 100 mil millones de dólares que ¡no tenían contemplados!

–Ay, mientras Jolopo derrochaba esa fortuna, las mortales como yo, padecíamos de sueldos estancados, encarecimiento de productos básicos, desempleo y una miseria alimentada con puritita fe. Yo, de idiota, me embarqué en la compra de un auto Datsun a plazos, mismo que perdí, con más lágrimas que la Llorona, debido a que la empresa donde trabajaba se fue a pique.

–La pesadilla empezó cuando los precios del petróleo bajaron a partir de junio de 1981. Díaz Serrano le recomendó a su amigo López Portillo que vendiera a los precios fijados para no desestabilizar la economía. El exdirector de Pemex recuerda esta baja: "Un movimiento brusco, violento de los árabes. Estábamos vendiendo a 36 dólares por barril y ofrecieron cuatro dólares menos. Había que reconocer que este mercado de vendedores estaba transformándose ya en un mercado de compradores". Y cuando en el primero de junio de ese año Díaz Serrano tuvo que bajar cuatro dólares el barril, Jolopo decidió mandarlo como embajador a la Unión Soviética y nombró director de Pemex a Rodolfo Moctezuma Cid.

–No se midió. Mandó a volar al hombre clave en la estrategia del petróleo. Un revés más a otro amigo. Si le hubiera hecho caso a Díaz Serrano, otro gallo le cantaría al país.

–Las consecuencias fueron terribles. Montado en su macho, Jolopo ordenó subir dos dólares el precio del barril y, orgulloso, les advirtió a sus clientes que si no compraban ahora su petróleo, en el futuro, México no les vendería. Por supuesto, que a los clientes les valieron gorro las amenazas. Díaz Serrano recuerda con profunda tristeza: "Los clientes no lo aceptaron y se fueron. Y dejamos de recibir 16 mil millones de dólares al año". Jesús Silva Herzog le reveló a Krauze: "Yo creo que aquí se cometió uno de los errores de interpretación económica más graves de la historia de México".

–Y Jolopo, como si nada grave pasara, seguía despilfarrando brutalmente el dinero de la nación en lugar de administrar la abundancia —dijo Ada, enojada.

–El endeudamiento exterior creció a la par con el petróleo, hasta elevarse a fines de 1980 a 43 millones de dólares. Y en lugar de ahorrar para pagar esa deuda cuya tasa de intereses aumentó, don José invertía los dividendos en grandes proyectos y compras a manos llenas. Además de financiar decenas de organismos descentralizados y fideicomisos, el Estado fue dueño de 450 empresas y participaba en otras 54 como accionista minoritario. La mayoría de ellas no obtenían las ganancias deseadas o reportaban pérdidas, además de que se desató la corrupción dentro del sector público. Y los grandes empresarios, contagiados por esos sueños de grandeza, se endeudaron en millonarias inversiones con créditos en dólares. Para no asustar a nadie, este presidente mantenía ficticia la paridad del peso con el dólar, hasta que tuvo que devaluar a mediados de 1982: de 28.50 a 46 pesos por un dólar. Al finalizar el sexenio, la paridad cambiaria se elevó hasta los 108 pesos y se fijó en 70 pesos por dólar. La deuda externa subió a 80 mil millones de dólares. Silva Herzog afirmó: "Así, padecimos la dolorosa quiebra del país".

–Jolopo estaba ciego, cegado por su supuesta omnipotencia. Acuérdate de su frase: "Presidente que devalúa, se devalúa", como si el reto fuera todo suyo, personal, y no de todo nuestro querido México. De nada le sirvió alardear que defendía al peso cual perro...

–Fue justo el Día de la Bandera, el 5 de febrero de 1982, en la VI Reunión de la República, efectuada en Guadalajara. Afirmó vehemente, alzando la voz: "Defendamos nuestro peso, afirmemos y reafirmemos el derecho a tomar nuestras decisiones en materia monetaria, con los aranceles, con las licencias y con los estímulos y fomento a la exportación. Esa es la estructura que conviene al país. Esa es la estructura a la que me he comprometido a defender como perro". Había además una falsedad en esas afirmaciones porque no estaba fomentando la exportación, ya la había espantado. Me acuerdo que a los periodistas les dijo "no cometamos un autosuicidio", palabra mal dicha que sacó de la manga, él, que maneja tan bien el lenguaje.

–Cuántos damnificados ladramos, pero de rabia: nos fuimos a un hoyo del que todavía no alcanzamos a sacar la cabeza. Y eso que todavía nos faltaba el susto del día primero de septiembre de 1982...

– En ese último informe de gobierno decidió, de golpe y porrazo, "nacionalizar la banca". Y aquí otra vez cometió una barrabasada con el idioma porque ¡la banca era mexicana! Agustín F. Legorreta Chauvet, miembro de la cuarta generación que había impulsado al Banco Nacional de México (Banamex) a un primer plano en el país, afirmó en una entrevista que me otorgó en mayo de 2001: "No fue nacionalización de la banca, puesto que era obviamente nacional, todos éramos mexicanos, fue una expropiación. Tengo muy presente que, al día siguiente del informe, cinco banqueros fuimos a hablar con López Portillo, quien nos dijo que él sabía que la expropiación bancaria era inconstitucional, y jactándose de ser muy buen abogado, sentenció: 'Voy a modificar la Constitución para que sea constitucional lo que hice'. De ahí viene lo que hoy palpamos: la desmexicanización de la banca, la venta de los bancos a extranjeros. El culpable de origen es López Portillo".

–Lo más penoso de este personaje es que todavía, a sus casi 82 años de edad, dijo: "No me arrepiento de nada". Vi semejante afirmación de su propia boca en la televisión —atestiguó Ada, totalmente descontrolada.

–En lugar de aceptar su culpa, se la echa a los demás, a los banqueros y empresarios, tachándolos de sacadólares, como si los funcionarios públicos no realizaran esta práctica. Intentando lavar su conciencia, justifica todas sus acciones en su libro *Mis tiempos*. Pienso que él fue el más grande inspirador de las fugas de capitales: con la caída del petróleo, en menos de un mes salieron 9 mil millones de dólares del país.

–Traigo atravesado aquel descontrol que creció como un alud que se nos vino encima. A mí que ni me tache de saca nada porque ni tenía un mísero dólar en el bolsillo. Y regresando al tema de Díaz Serrano, ¿a poco nada tuvo que ver Jolopo con el lío del fraude de los dos barcos de Pemex?

–Sabemos que este presidente movía todo a su antojo. Te voy a dar un breve resumen de la versión del reportero Carlos Marín, apoyado en un documento de 115 páginas enviado a la Cámara de Diputados por la Contraloría. Dice que todo empezó en 1980, cuando la gerencia de Comercio Exterior de Pemex solicitó a la gerencia de Marina la compra de buques gaseros debido al incremento de la producción de petróleo crudo. El director comercial de los astilleros belgas Boelwerf, Jacques Van Damm, se entrevistó con el gerente de Marina de Pemex, el capitán Enrique Amado Cárdenas, para proponer la venta de dos barcos gaseros en proceso de construcción. Las gestiones no prosperaron. Luego, aparece en escena Fernando Manzanilla Pérez Sandi, representante de Navigas International, empresa de Herman Sauer, hombre que le ofreció 150 mil dólares a Manzanilla por el sólo hecho de concertarle una cita con el gerente comercial de Pemex, Ignacio de León. Ambas ofertas fueron rechazadas debido a que se decidió que esos barcos no reunían los requerimientos técnicos.

–¿A poco no servían esos barcos?

–Verás. Vino entonces la llamada de Alicia desde Los Pinos, quien pidió que los barcos fueran comprados a Sauer, quien se ostentaba como propietario de los barcos que había ofrecido Van Damm, o sea, era un intermediario. Por instrucciones de Díaz Serrano, el capitán Cárdenas se encargó de atender la petición de Alicia. La compra se regularizó parcialmente, meses después de contraído el compromiso y pagado la mayor parte del precio, por instrucciones del presidente de la República. Inclusive, *Proceso* publicó más tarde, en marzo de 1987, que "hubo datos y documentos nunca desmentidos, que involucran a la hermana del expresidente, Alicia López Portillo, en la operación fraudulenta".

–¿Interrogaron entonces al capitán Amado Cárdenas?

–Se dio a la fuga. Y también huyó el gerente comercial de Pemex, Ignacio de León, a quien se le acusó de haber recibido una comisión de cinco millones de dólares por la adquisición de los equipos de compresión de gas contratados con Crawford Enterprise, aunque no estuvo presente en la firma del contrato de Navigas International con Sauer, porque tenía hepatitis. En cambio, Díaz Serrano sí quiso dar la cara y declaró entonces estar en la mejor disposición de aportar la información que poseía.

–¿A cuánto ascendió el fraude de los dos barcos?

–Según la Contraloría, el fraude consistió en la autorización de un pago mayor de treinta y cuatro millones de dólares al precio comercial. Y además, para pagar los barcos al contado, entre mayo y junio de 1980, Pemex tuvo que pedir prestado en el extranjero créditos a corto plazo de veinticinco millones de dólares. Aseguran que Jolopo ordenó al director de Pemex tapar el asunto, darle la vuelta a la operación, que se prepararan documentos justificativos para proteger a Alicia. Y sucedió que Jorge Díaz Serrano, quien a principios del sexenio de Miguel de la Madrid, era senador por su estado de Sonora, fue desaforado, le embargaron sus bienes y pasó cinco años en la cárcel: del 30 de julio de 1983 al 30 de julio de 1988.

–Y esa información que dijo Díaz Serrano que iba a aportar en su defensa, ¿qué pasó con ella? —preguntó Ada, curiosa.

–Ahora te doy la versión que me dio recientemente el ingeniero Jorge Díaz Serrano en su oficina. Un sonorense educado, muy amable, poseedor de esa paciencia que le otorga su mestizaje indígena. Le pregunté de entrada: ¿Quién maquinó su detención? "Miguel de la Madrid y sus gentes fueron responsables de mi detención. El señor Enrique del Val Blanco, quien es íntimo amigo de él y ahora es secretario general de la UNAM, tuvo en sus manos documentos que demostraban mi inocencia y los escondió. A mis abogados les mostró el cajón de su escritorio donde los tenía guardados".

–Además, si Jorge era entonces senador, ¿a poco fue muy legal que lo desaforaran?

–El ingeniero me dijo: "En la forma en que lo hicieron, sí era ilegal. No ha habido mas que un caso en la historia reciente de México de un senador que haya sido desaforado. Pero estos 'amigos' utilizaron procedimientos totalmente contrarios a la Constitución. En un tiempo récord en este país, lograron un juicio y en ocho días, me desaforaron, proceso que toma meses o años. Al hacer esto en forma ilegal, se invalidaba cualquier otro juicio posterior. Y todavía me metieron a la cárcel. Me sentenciaron a 10 o 12 años, sentencia que era una gran injusticia. Salí libre gracias a las gestiones de mis abogados.

–Oye Eli, recuerdo que Díaz Serrano estaba entre los tapados. Se hablaba de que sería el próximo presidente gracias al histórico impulso que le dio al petróleo.

–De hecho, cuando le comenté a don Jorge que hubo tantos rumores al respecto, dijo: "Fíjese nomás que yo debería haber sido presidente. Vea lo que hizo Miguel de la Madrid. Fue un error garrafal de mi patrón. Y él mismo lo lamentó. Ese tipo no sirve ni de político, ni de administrador, ni de nada. Es un ciudadano gris que empinó al país y heredó sus teorías de que no se debería depender del petróleo a sus sucesores. Los asustó diciendo que era muy peligroso *petrolizarse*. O sea, que si hubiéramos tenido mucho oro, ¡nos hubiéramos *orificado*!".

–Pero estuvo muy gacho por parte de Jolopo que lo enviara a la embajada por bien aconsejarlo...

–A esto, don Jorge opina: "A Pepe lo engañaron. Tenía un gabinete económico que presidía Miguel de la Madrid, con una ignorancia increíble, ya sabiendo que estábamos con un mercado a la baja, sin ninguna justificación, subieron dos dólares el precio del crudo, en lugar de decir 'vamos a correr al señor Díaz Serrano porque nos estorba políticamente' y todo hubiera quedado tranquilo. Eso provocó, nada menos, ¡la crisis que todavía estamos capoteando! ¿Y sabe una cosa? Si esto lo hubieran hecho en China, los hubieran fusilado, en cambio aquí, los premiaron. Ese fue el gran error de López Portillo".

–¿Y cuándo se regresó el ingeniero de la gélida Unión Soviética?

–Escucha su relato: "Cuando Miguel de la Madrid era candidato a la presidencia en 1982, me llamó por teléfono a Moscú y me dijo: 'Oye Jorge, me pide el presidente López Portillo que te invite a que vengas a México para que corras como candidato junto conmigo, a la senaduría de tu Estado'. Hicimos campaña juntos y Miguel fue a Sonora. Yo saqué más votos que él en mi Estado. Por ello, un representante del PRI me vino a ver para decirme: 'Oiga ingeniero, aquí hay una cosa que no debe ser'. ¿Qué no debe ser? Le pregunté. 'Usted sacó más votos que él, ¿tendría inconveniente en que maquillemos un poco las cifras?' Maquíllelas como usted quiera, le contesté. Aclare usted todo esto", me pidió el entrevistado.

–Hace bien en aclarar. O sea, que ni porque le hizo ese favor del maquillaje a Miguel de la Madrid, éste se detuvo. Me queda una duda: ¿Era o no necesario comprar esos dos barcos?

–Explicó que, en este caso, no había barcos y se había accidentado la instalación del almacenamiento de gas licuado. El gas licuado viene junto con el petróleo, es gas asociado. No había dónde almacenar el gas licuado, por lo que se tenía que quemar. Debido a que tardaban más de seis meses en reparar la instalación, se iba a quemar mucho gas licuado, a menos que se dejara de producir crudo: "Teníamos urgencia de exportar ese petróleo, porque de no hacerlo, estaríamos perdiendo más dinero todavía. Se justificaba ampliamente pagar más por dos barcos nuevos que estaban a la venta, porque no había de dónde escoger entonces. En la industria petrolera mundial se utiliza el concepto 'costo de oportunidad' que no es común en otras industrias de menor riesgo que la nuestra".

–O sea, estaba de acuerdo con esa compra.

–Hasta afirmó: "Yo deseaba que esos dos barcos los pusieran en funcionamiento cuanto antes. Tenían y tienen todos los requerimientos técnicos, sobre todo uno de ellos, el Cantarel, es el mejor barco que ha tenido Pemex. El otro se llama Abkatum. Es falso lo que decían respecto a que no tenían los motores estándar para Pemex en barcos de ese tamaño; sí los tenían. Están las bitácoras disponibles. Todavía, cuando los vendieron, después de 20 años de servicio, estaban asegurados al precio que decían que no valían. O sea, ¡que sí valían ese precio! Ahora se puede decir todo esto porque hay otro gobierno. En aquella época, eran los funcionarios los que decían lo que valían las cosas, pero yo no era de ésos y los que querían fastidiarme lo dijeron. Mis pruebas no fueron aceptadas por instrucciones de Miguel de la Madrid. Para abrir boca, ya le mencioné a Enrique del Val".

–Yo quiero saber por qué se hizo el trato con Sauer y no con Van Damm.

–Dijo don Jorge: "Ni Sauer ni Van Damm pidieron verme porque yo no compraba las cosas en Petróleos Mexicanos. Cuando se trataba de algo muy importante, se pedían concursos. En Pemex se manejaron 110 mil operaciones de compra y cada una de ellas tardaba varios meses. Yo andaba también muy ocupado en las cuestiones de producción y política de Pemex". Al indicarle que Sauer sacó una buena tajada en esa compra, contestó: "Quién no quiere sacar provecho".

–¿A poco Alicia López Portillo no lo llamó para que aceptara la oferta de Sauer?

–Dijo que no: "Yo no le puedo inventar, yo le digo que esos barcos fueron bien comprados y lo que se hizo en esa época estuvo bien hecho porque se economizó dinero al país. Con respecto a que si era correcta la cifra de 34 millones de dólares mayor al precio comercial, contestó: "Cuando hay un precio comercial y no hay la mercancía, surge el mercado negro, o se espera usted dos años para que construyan el barco, a menos que comprara barcos usados, pero como son muy especiales, no son fáciles de encontrar en el mercado".

–¿Y por qué huyeron Ignacio de León y Amado Cárdenas?

–El ingeniero dijo: "Huyeron porque cuando los quieren fastidiar, los fastidian". Esto lo vivió el entrevistado en carne propia. Reiteró que como están las cosas, ahora sí se puede hablar. Y antes de despedirnos, el hombre que supo salir adelante de esta acusación y sigue muy activo en su trabajo, comentó que ignora las oscuras razones que tuvo Miguel de la Madrid para enseñarse con él.

–Si se trataba de agarrar chivos expiatorios con la renovación moral, el encarcelamiento del Negro Durazo sí que fue atinado. Vaya que las debía con su inmoral, descarada y pelada fortuna adquirida, supuestamente, de su sueldo de 9,600 pesos como director deneral de Policía y Tránsito del D.F. Jolopo lo nombró general y este prepotente pensó que su negrura se blanquearía al vivir cual personaje mitológico griego, en un palacete construido en una loma frente a las playas de Zihuatanejo, además de la lujosa mansión en las faldas del Ajusco.

Elisa recordó la entrevista a Salvador Rodríguez Contreras, cocinero durante cinco años de la familia Durazo, publicada en *Contenido* a fines de 1984. Dijo este hombre que trabajó, junto con dos ayudantes, en la cocina de la casa del Ajusco: "La más grande que había visto y de equipo más moderno, con cuatro estufas, dos hornos y tres refrigeradores donde abundaba la comida, como almejas en concha blanca que era el platillo favorito de Silvia Garza, la esposa del general. Contaban con muchos empleados: ocho policías hacían el aseo, además de otros que cuidaban la residencia desde afuera, más los 14 guardaespaldas. En las caballerizas, que estaban junto al lago y galgódromo, unos peones de cuadra se hacían cargo de 25 caballos. En cuanto a vehículos, llegué a contar hasta 60 al servicio de la familia. Como el estilo griego era el favorito de doña Silvia, ella supervisó la decoración de la mansión en Zihuatanejo. Pero también la del Ajusco tenía muchas estatuas y columnas de estilo griego, puertas negras con dibujos chinos de oro y otros adornos muy lujosos, hasta en la discoteca, junto a la alberca. Esta señora Garza nunca se ponía el mismo vestido dos veces, los tiraba como si fueran pañuelos desechables".

Al oír todo esto, Ada brincó, —fíjate tú, y nosotras que nos escandalizamos con los mil pares de zapatos que tenía regados en su clóset Imelda Marcos, esposa de un presidente de Filipinas.

–Aquí se aventaba más dinero por la ventana. Por eso yo no me explico por qué la detención del canijo Negro y otros defraudadores de sexenios que siguieron no detuvo la corrupción que carcomió el prestigio del PRI en el gobierno.

–Es que sólo a un puñado de ellos los balconearon. No sabíamos si era porque les cayeron gordos, se vieron presionados por la prensa o salieron premiados en el sorteo para ver quién tenía que pagar el pato. Ya ves que el mismo Díaz Serrano asegura que cuando querían fastidiar a alguien, lo fastidiaban —intervino Ada, obnubilada.

–En ese caso del ingeniero, quizá Miguel de la Madrid quiso hacer alarde de su política de no *petrolizar* la economía con una acción muy cruel. O quiso rematar el prestigio de su excompetidor en la carrera presidencial.

–¿Y Sasha no sabrá algo de este amigo del marido?

–Ella me dijo en diciembre de 2001: "Respeto y admiro

profundamente a Jorge Díaz Serrano por el sacrificio de hombre que hizo, mientras los López Portillo no movieron ni un dedo. El muy cínico de Pepe me dijo: 'Esto fue una cobardía y hay que ser muy hombre para estar en la cárcel; yo nunca hubiera ido arrastrándome con Miguel de la Madrid'. Yo sé la historia de Van Damm y sé que tanto Licha (Alicia) como él, salieron beneficiados con todo esto".

–Jolopo optó mejor por irse a Europa y que cada quien se rascara con sus propias uñas.

Las amigas concluyeron que los actos del gobierno de aquella época que reflejaban venganzas personales contra la libertad de expresión, arranques irreflexivos y actos de abusivo enriquecimiento, provocaron que se revirtieran en su contra. Y fue así como Alicia se quedó también sin el país de las maravillas que prometía su amado hermano.

EL HIJO DESOBEDIENTE

Galán como su padre, luciendo patillas largas para seguir la moda de los años setenta, José Ramón López-Portillo era el junior de Los Pinos. Y más contento se puso cuando su papi lo llamó el "orgullo de mi nepotismo" al ser nombrado subsecretario de Programación y Presupuesto a su corta edad, recién graduado como licenciado en Derecho por la Universidad Anáhuac. Pero aquel orgullo se trastrocó en odio y desafío. El propio hijo amenazó al progenitor con meterlo a la cárcel.

Todo esto tiene diversas connotaciones. Por eso, para hablar largo y tendido, las amigas pasaron un fin de semana en Tequisquiapan, disfrutando las aguas termales que abundan en Querétaro. Por la noche, iban rescatando piezas del historial de José Ramón.

–Ada, observa esta fotografía del nieto que reconociera como suyo el expresidente, publicada en *Milenio* el jueves 22 de febrero de 2001, junto a la foto de Jolopo, cuando era joven. ¡Se parecen tanto! ¿Y qué crees? Este apuesto nieto se suicidó en Houston, Texas, a los 18 años —le dijo Elisa.

–¡Impresionante! ¿Lo quiso mucho el abuelo?

–No, debido a que ni siquiera lo conoció. Pero ató cabos. Imagínate la dolorosa escena cuando Jolopo descubrió la gran mentira de su adorado hijo José Ramón, con el apoyo incondicional de Carmen, la mamá. En diciembre de 2000, contrito, el exmandatario confesó al reportero Francisco Garfias: "No tengo duda que sea mi nieto. Al ver su fotografía... algo se me rompió por dentro. Yo estaba en la edad en que no esperaba más dolores ni más amores y este muchachito me conmovió, sobre todo al enterarme del fin que tuvo, un fin absurdo que me dolió muchísimo, como pocas cosas me han dolido en la vida. Desde luego en mi vida de viejo, ninguna equivalente. Yo no tengo duda y el rostro noble de este muchacho me conmovió, me tocó todas las fibras, las que corresponden a la sangre. Me las tocó todas".

–Qué golpe tan duro a la conciencia de un viejo enfermo, de 80 años, y con un costal repleto de cargos. Cuéntame todo lo que sabes de este drama.

–Miguel Castillo Chávez, periodista del citado diario, reconstruye la historia basada en testimonios de la familia Ruggeberg. En la Navidad de 1977, José Ramón tenía 22 años y estaba recién graduado. La hermana, Paulina López-Portillo, llevaba dos años de noviazgo con Erwin Ruggeberg. En esa celebración, Erwin asistió con su hermana Berbel y se la presentó a José Ramón, quien enseguida se interesó por ella y semanas después se hicieron novios. Así, Berbel y Erwin frecuentaban Los Pinos para visitar a los respectivos hermanos. Tenían un trato cordial con el presidente, pero no con su esposa, Carmen Romano. En 1980, Berbel quedó embarazada. El asunto fue llevado de inmediato al despacho presidencial, donde José Ramón negó que se tratara de su hijo y juró que el padre del bebé, ¡era su jefe de escolta! Un teniente del ejército de apellido Morán.

–¡Qué zacatón se portó el jovencito!

–Sí, caray, aún el padre no descubría de lo que era capaz su único hijo consentido; le creyó todito y lo respaldó. Todavía, la madre de Berbel acudió a Los Pinos y habló con el presidente, quien le replicó que su hijo había jurado por su honor no tener nada qué ver con el embarazo. Y así, José Ramón se salió con la suya. Arturo Ruggeberg, hermano de Berbel, asegura que de ahí en adelante comenzaron amenazas y hostigamientos en contra de su familia promovidos, principalmente, por Carmen Romano. Desde luego que Paulina terminó de inmediato su noviazgo con Erwin. Cuando comenzaron las amenazas de muerte y les fue cancelada la concesión de una gasolinera que tenían en México, negocio de los Ruggeberg, fueron conminados a salir del país.

–¿Ya había nacido el nieto en México?

–Berbel dio a luz en Houston, donde se instalaron. Kenneth nació el 17 de noviembre de 1980 y fue registrado por su madre con el apellido Ruggeberg. Meses después, Berbel se casó con el tejano George Todd, quien le dio su apellido. Además, ambos procrearon cinco hijos. Kenneth creció sin saber nada acerca de José Ramón, pero se daba cuenta que físicamente era diferente a sus hermanos menores. Por ello, Berbel decidió contarle a su hijo la historia de su padre, cuando el muchacho tenía 16 años. Arturo asegura que el conocimiento de la identidad de su padre tuvo que ver, junto con otros factores emocionales, en el suicidio de Kenneth.

–¿Y cómo se enteró Jolopo de la muerte de su nieto?

–Arturo Ruggeberg, el hermano de Berbel, le envió una carta el 22 de noviembre de 2000, para que supiera de lo sucedido, junto con la fotografía de Kenneth. Y en ella le solicitó su ayuda para demostrar legalmente la paternidad de José Ramón.

–¿Y dónde estaba José Ramón? ¿No lo buscó Arturo?

–Eso es lo que más quería y sigue deseando: encararlo. Pero resulta que José Ramón se fue a Inglaterra para obtener un doctorado a sus 48 años de edad, o por lo menos, esa es la versión oficial. Arturo vino después a México y se presentó en el programa *Tómbola* de TV Azteca. Ahí afirmó: "Para mí, los López Portillo son mentira, corrupción, engaño para México, abuso del poder. José Ramón se prende de mi hermana en una Navidad que nos invitan a pasar con ellos y deja a la novia que traía. Y se vuelca sobre mi hermana como un verdadero león. Yo lo que le quiero pedir a José Ramón, que es el que lastimó a mi hermana porque es el que la tuvo de novia, la dejó embarazada, desconoció a su hijo, lo dañó, lo lastimó desde pequeño y jamás vio por él. Le quiero decir nada más que lo estoy esperando que, algún día, nos vamos a encontrar. Y me tendrá que responder por todo el daño hecho a mi sobrino Kenneth y a mi familia. Los López Portillo nunca van a dar la cara porque no es su estilo. José no le va a dar la cara a Sasha y ya lo único que me falta oír es que él diga, ¡que los hijos de Sasha sean también del jefe de la escolta!". Arturo comentó además, que la familia estaba escribiendo un libro con esta trágica historia.

–Anda, cuántas experiencias aún encerradas quedan por sacar a la luz. Y hablando de libros, manita, ¿cómo estuvo ese escandalazo del atrevimiento de José Ramón de meterse a casa de Sasha y su padre mientras estaban de viaje, para volarse unos 500 libros?

–Aquí vale la pena oír las versiones tanto de Sasha como de Paulina, la feroz defensora de su hermano José Ramón. Porque él, como vemos, rehuye a encarar sus problemas ante la prensa y otros agraviados.

–¿Sasha te dio personalmente su versión, Eli?

–Así es. Entonces seguía viviendo con su marido, a quien defendía a toda costa. Se habían casado por el civil el 5 de octubre de 1991, unos días después de que Jolopo lograra el ansiado divorcio de su primera esposa, Carmen Romano. El mismo licenciado Juan Velázquez, quien estuvo a cargo de este complicado divorcio a favor del expresidente, me contó que Carmen no quería dárselo. Estaban casados por bienes mancomunados. Primero, la exprimera dama dijo que lo aceptaría a cambio de quedarse con todos sus bienes. Una vez que José López Portillo accedió a poner todo a nombre de ella y sus hijos, excepto la casa donde vivía (la Colina del Perro) y, que se sepa, otra en Bosques de Las Lomas, Carmen se echó para atrás con ese convenio. No quedó más remedio que tramitar un divorcio necesario, alegando abandono de hogar por más de dos años.

–Y a mediados de 2000 se anunció la boda por la Iglesia de Sasha con su anciano cónyuge, ¿verdad?

–Fue justo el viernes 16 de junio, cuando Jolopo cumplía 80 años de edad, cinco semanas después de que falleciera Carmen Romano (el 9 de mayo). Al cabo de 17 años de entablar una relación, esta pareja se mostró feliz y tranquila, aun cuando la salud del contrayente estaba tan deteriorada. Sasha se veía muy guapa y radiante con un vestido escotado, un toque de azahares en la cabeza y luciendo un collar y aretes de grandes perlas. Ella me recibió en su casa un año después de la boda, cuando acababa de presentarse en el programa *Tómbola*, en marzo de 2001.

–Oye Eli, de entrada, ¿cómo viste su casa?

–Muy bien decorada, con vistosos ramos de flores frescas. Estaban los grandes retratos al óleo de Jolopo, una vitrina con medallas y reconocimientos recibidos durante la presidencia, su colección de armas antiguas en el pasillo que conduce a la impresionante biblioteca que tiene pasillos en forma de caracol en cinco niveles. Sasha, muy amable y atenta, me ofreció un café y galletas en vajilla de fina porcelana. Como preámbulo a la charla, me dijo: "Ha sido muy penoso tener que decir estas cosas para ventilar una serie de situaciones privadas, pero dado el caso de que su hijo José Ramón amenazó a su padre con meterlo a la cárcel, no nos podemos quedar callados".

–¿Todo vendría a raíz de la boda?

–Ella me explicó que desde que su marido se divorció, los hijos se pusieron en contra del padre y opinó: "Yo no tengo nada en contra de Carmen Romano, a mí, en lo personal, nunca me agredió y, además, su matrimonio estaba acabado desde la presidencia. Lo único que puedo criticar en este momento es la educación que les dio a sus hijos".

–Heredaron de la madre la actitud caprichosa y la sed de poder, según deduzco, o actúan como ella les pidió que lo hicieran.

–Ahí parece residir el meollo del asunto, opina Sasha: "Mi esposo deja la banda presidencial hace 19 años y la familia sigue enredada con la banda que ocasiona una especie de enfermedad de prepotencia, de poder, creen que hasta la fecha pueden avasallar y hacer todo lo que les viene en gana, con el mínimo respeto hacia su padre".

–Quieren arrebatarle todo al papá y a Sasha, celosos y despiadados hacia sus hermanos menores, Nabila y Alejandro.

–Percibes que el exmandatario ha sido incapaz de poner orden: manipulador y manipulado. Y ese manipuleo lo ejercen también los hijos con toda la conjugación del verbo. Verás. Empecemos por la sustracción de libros. Sasha me contó: "Llevaba yo entonces a mi esposo a una terapia al hospital El Cedro Sinaí en Los Angeles, California. Nabila tenía entonces 12 años y Alejandro siete años de edad; para ellos era muy duro acompañar a su padre a un salón lleno de parapléjicos y cuadrapléjicos; ahí estaban, en su mayoría, jóvenes que habían sido víctimas de accidentes de auto o de deportes. Tengo grabadas cintas de la terapia para que mi esposo siguiera con un tratamiento similar en México. Y en lugar de que sus hijos mayores lo acompañaran, José Ramón entró a esta casa que ahora es de mi propiedad, a robarse 498 libros".

–¿Cómo se enteraron?

–La exactriz dijo que cuando los vigilantes vieron que José Ramón, junto con su hijo mayor José Juan y el hijo de Carmen Beatriz sacaban las cajas, se comunicaron con Sasha a Los Ángeles y dedujo: "Tan fácil que hubiera sido habérselos pedido a su padre y mi marido se los hubiera dado, si tiene una biblioteca de unos 27 mil volúmenes. Me dio una indignación tan grande ante este cobarde comportamiento, que de inmediato le envié un fax a mi abogado que, en ese momento, era el licenciado Carlos Schon, con un poder para que se pudieran rescatar esos libros.

–¿Y qué pasó?

–Los tuvieron que devolver, al cabo de que José Ramón viajara a Los Ángeles solamente para convencer a su padre de que le firmara una carta en la que admitía habérselos prestado. Pero ahí te va la agresión más grave descrita por Sasha: "Al llegar a México, nos encontramos las cortinas cercanas a la biblioteca llenas de cruces con sangre y en ese cuadro que ves ahí (un retrato al óleo de Sasha que luce en la sala principal), le pintaron una obscenidad en el pecho, que ya sabrás. Tengo las fotos, debido a que vinieron peritos de la Procuraduría, quienes comprobaron que la letra era de José Ramón".

–¿También practican la brujería?

–Sasha dijo haber oído muchos comentarios respecto a esta práctica de la familia en Los Pinos y me recomendó leer el libro que escribió Paulina, con alusiones al demonio, tachaduras de obscenidades y el 666 del anticristo. Y aseguró que a ella la tacha de "ser una mujer de la calle y otros epítetos". Luego comentamos este libro, Ada, lo tengo.

–Debió haber sido un golpe durísimo para el orgullo de José Ramón devolver su botín.

–Imagínate, y como los hijos mayores no atacan de frente

a Sasha, acudieron con Luis Echeverría, con Liébano Sáenz (entonces secretario particular del presidente Ernesto Zedillo) y hasta con el jefe del Estado Mayor. El mismo Jolopo comentó en la entrevista a *Milenio* respecto a la intervención de Liébano: "Es una manifestación del presidencialismo que inculcamos todos hacia la figura de máxima autoridad buscando su intervención para que se resuelvan las crisis. Mis hijos acudieron con el presidente Zedillo para que les resolviera su situación. Me parece increíble que el presidente de la República tenga que ocuparse de este tipo de asuntos".

–Ahora resulta que este lío familiar es problema de Estado —opinó Ada, sorprendida.

–Sasha agregó que, además, le dijeron a los funcionarios que ella tenía a su marido drogado, golpeado y secuestrado en Estados Unidos. Refirió que cuando su esposo habló con José Ramón, éste le decía, con unos gritos espantosos, que peleaba sus derechos de progenitura. Al respecto, ella subrayó: "Nadie puede negar que sea el primogénito, es un hecho irrefutable. La misma Paulina, en el libro, le pregunta a su padre: '¿Tú crees que porque la mujer con la que vives parió un hijo varón, vas a quitarle la progenitura a mi hermano?'. Entonces yo me pregunto en qué siglo estamos viviendo cuando ellos hablan de que su padre les roba el apellido. Esto es terrible. Tanto que mi esposo le replicaba que de qué derechos hablaba si todavía no había muerto".

–Prefieren quitarle todo antes de que fallezca.

–La exactriz me comentó que en cambio, Carmen Beatriz, al divorciarse de su marido Rafael Tovar y de Teresa y cuando él se vuelve a casar, sí permite que los hijos tengan una relación con la nueva esposa y no hay problema, o sea, que "ellos pueden hacer lo que quieran porque siguen enredados en la banda presidencial ya gastada y raída, en ese poder que nunca les perteneció".

–Y en esta demanda de los libros, ¿Jolopo la apoyó?

–El exmandatario afirmó al reportero Garfias que desde luego "le molestó, más que nada por la falta de respeto a mi esposa porque de ella es la casa, tenía yo que apoyarla y respaldé su demanda. Desgraciadamente, las circunstancias fueron avallasadoras".

–Si Sasha no les pone el alto, vete a saber cuántas cosas más se hubieran llevado sin permiso, bajo el pretexto de la progenitura. Actúan como amos y señores del destino de su padre, no le dan chance de tener voz y voto, igualito que las viejas prácticas priístas en las urnas —dedujo Ada la descarada.

–Jolopo deduce que mientras tuvo una relación informal con Sasha, la normalidad privaba: "Desde el momento en que les manifesté a mis hijos la decisión de casarme con mi actual esposa, cosa que ella nunca me pidió y yo insistí, ellos dejaron de verme".

–Se juntaron ambas cosas: el logro del divorcio de Carmen y, en pocos días, el casamiento por lo civil con Sasha.

–La misma exactriz agrega que, a raíz del divorcio, ellos le enviaban unas cartas terribles a su marido: "Yo conservo esas cartas. Carmen Beatriz hasta le dice que se quita su apellido. Y cuando internamos a mi esposo en el Hospital Ángeles, víctima de una embolia cerebral, en marzo de 1995, estaba tan grave que yo misma los mandé llamar porque, de sucederle algo, pensé que él hubiera querido que también sus hijos mayores estuviesen a su lado. Cometí el error más grave de mi vida. Mientras mi marido estaba en terapia intensiva, los tres se peleaban entre ellos, iban y venían. Le reclamaban a su papá cosas, a pesar de su estado tan delicado".

–Y Jolopo libró la muerte, con su voluntad de hierro.

–Lo intervinieron quirúrgicamente en la arteria carótida

derecha, debido a que la falta de circulación le había hecho perder el habla. Aunque la operación fue un éxito, parte del cerebelo se encontraba obstruido, por lo que le practicaron una segunda operación. Al cabo de una semana, durante su recuperación en una de las suites del hospital, yo fui a visitarlo. Iba acompañada de Pancho Liguori y Jorge Díaz Serrano. Pese a que quedó hemipléjico (paralización de medio cuerpo), su mirada era aguda y tenaz. Cuando le pregunté cómo se sentía, contestó con bromista ironía: "Muy bien, estoy en el paraíso... claro, es una figura del lenguaje".

–Vaya modo de darle aire a su ánimo. Muy lúcido.

–Su mente sigue funcionando para librar más escenas dantescas. Después del robo de libros, Sasha aseguró que José Ramón fue al Hospital Ángeles a pedir el expediente médico de su papá: "Quería acusar a los médicos y a mí de que lo habíamos dejado en el estado en que se encontraba. Yo creo que existen odios desde la infancia, por cosas que me han platicado en la familia. Pero todo esto yo no lo entiendo: es el producto de una educación muy rara".

–¿Y el asunto con la casa de Acapulco?

–Precisamente Francisco Garfias le pregunta a José López Portillo: ¿Es correcto que José Ramón no le quiso prestar la casa en Acapulco para su convalecencia? A lo que contesta: "Eso me molestó, lo confieso. Mi hijo dijo algo así como que se rompía el rol de arrendamiento. Si mi padre hubiera estado en esa condición y me pidiera la casa para pasar su convalecencia, yo no hubiera vacilado. Tomé la decisión de demandar, consciente de que el acto se salía de lo común, pero que era reivindicatorio de un respeto al que me sentía acreedor".

–¿Qué dijo Sasha al respecto?

–Me explicó que no sabe lo que va a pasar con esta casa:

"Nuestro abogado actual, Guillermo López Portillo y Vernon, se encontró con muchas anomalías dentro y fuera del juicio, por lo que entonces demandó la anulación de la escritura. En realidad, la casa de Acapulco se la regaló el Sindicato de Trabajadores Petroleros de la República Mexicana a mi esposo, pero él no pagó las escrituras; sin embargo, eso no es importante porque es un problema con Hacienda. El problema de fondo es que los hijos lo manejaron y no sé qué trampas hicieron para que la señora Margarita Cañedo de Perrusquía, ocho años después, les vendiera la casa otra vez. O sea, que la casa se vendió dos veces. Nuestro abogado dijo que la señora era albacea testamentaria. Pero no la única, eran cuatro, por lo que se tenía que haber pedido un permiso ante un juez para vender la casa. Y, cuando la vendieron por segunda vez, ¿dónde quedó el dinero? Esos son manejos raros que no caben dentro de mi mente. Este juicio es de mi marido, quien le ha ordenado al abogado que siga adelante".

–Una vez más este sindicato de petroleros malgasta el patrimonio de los trabajadores, qué bárbaros. Ya ves que sigue la mata dando: está en investigación el apoyo de este corrupto sindicato con millones de pesos a las campañas del PRI. Y el derroche de exlíderes como el Trampas, Héctor García Hernández, encarcelado por un fraude de casi mil millones de pesos de aquel año de 1983. Cuánto lodazal. ¿Y la casa en Valle de Bravo?

–Sasha me explicó que es un rancho de 57 hectáreas que, desde hace muchos años, pertenecía al abuelo de María Antonieta, esposa de José Ramón. El abuelo estaba en una situación económica muy difícil y entre otras cosas que le tenían embargadas, estaba el rancho: "Mi esposo pagó el rancho y se quedó entonces con esta propiedad. Para no hacer todo el papelerío de traslado de dominio, escrituras, impuestos y todo esto, él, en la confianza de que se trataba de su hijo y nuera, les otorgó un poder irrevocable. Mi esposo construye la casa que hay actualmente, siembra árboles frutales, hace el rancho porque antes era un terreno agreste, creo que había una construcción que estaba deshecha. Se supone que de algunas propiedades, mi esposo las divide en cuatro partes: los hijos y él, sin firmar nada porque él estaba en la confianza de que sus hijos iban a respetar la cuarta parte de su padre, ¡pero no respetaron nada! Por ello, mi marido decidió venderme el rancho para asegurar, con esto, el futuro de nuestros dos hijos. Si se hubiera pretendido hacer esto de forma chueca, como alegan ellos y su abogado, el rancho se lo hubiera vendido a un tercero, a otra persona.

–¿Y en cuánto se lo habrá vendido Jolopo a Sasha?

–Afirmó que en su valor catastral: un millón y medio de dólares, o sea, quince millones de pesos.

–¿De dónde sacó Sasha ese dinero?

–Dijo que con el dinero ahorrado en sus años de trabajo: "Pero bueno, el rancho nos pertenece a ambos. Yo tengo la escritura, todo está legal ante notario, todo".

–Pero el año pasado yo vi en la tele que Sasha declaró estar dispuesta a ceder ese rancho con tal de que su marido no tuviera más problemas que afectaban tanto su salud. Claro, cuando todavía seguían unidos —recordó Ada, intrigada.

–Precisamente acababa de hacer esas declaraciones cuando la entrevisté, por lo que le pregunté intrigada por qué pensaba cederles el rancho a los hijos mayores. Contestó: "Mira, yo no entiendo de cuestiones legales, pero vi tan mal a mi esposo que pensé: para mí y mis hijos es más importante su vida y salud. Pero después habló el abogado conmigo y me regañó por no haberlo consultado. Le expliqué que fue un impulso mío; quería defender a mi marido. A lo que respondió que en este caso estaban involucradas acusaciones penales y civiles, un montón de falsificaciones y una serie de cosas que se persiguen de oficio, de modo que el caso no es tan fácil como para sólo decir 'ahí les devuelvo el rancho y ya'. Por ello, de plano dejé este asunto en manos de los abogados. No lo puedo ceder, no lo puedo volver a vender".

–Y con la actual voltereta de la situación legal entre Sasha y Jolopo, la demanda de divorcio necesario, quién sabe qué pasará con este rancho, ¿verdad?

–El asunto sigue pendiente. Nos faltan, nada menos, que los terrenos de La Toscana, en Cuajimalpa, el fraccionamiento que incluye la propiedad de la llamada Colina del Perro, la que habita actualmente Sasha. Me dijo que su casa tiene 5,600 metros cuadrados de terreno, mientras el resto de La Toscana suma sesenta mil. "Mi marido les dio a los hijos los terrenos del fraccionamiento entre 1990 y 1991, uno o dos años después de que nació nuestro hijo Alejandro. En un papel firmado por ellos, le ofrecen el 12% de las ganancias de este fraccionamiento, pero cada uno de ellos tiene diferente cantidad de acciones dentro de la compañía Arges, por lo que sólo recibe un tres y pico por ciento de las ganancias, o sea, que fue una burla."

–Entonces de ese fraccionamiento, ¿Sasha solamente cuenta con el terreno de su casa?

–Me dijo que solamente posee esa mansión, cuyo terreno se une al de la casa de José Ramón, dueño de una superficie de 17 mil metros cuadrados. Y ahí no para el asunto: "Construyeron otra casa pegada a mi barda a tres metros y a los 40 centímetros, está un talud hacia abajo. Esta casa de tres pisos está montada justo sobre la propiedad del jardín con muchas ventanas hacia aquí. Pusimos un interdicto por obra molesta y peligrosa, ya que la casa, tan cercana a un talud muy alto, corre el peligro de que los cimientos puedan empezar a ceder y un día nos caiga la construcción encima. Yo puse una manta a la entrada de mi propiedad que dice: 'No compre terrenos en la Toscana colindantes con esta propiedad. Entérese problemas legales.' El juez decidirá si es o no obra molesta y peligrosa. Pero ya los hijos me demandaron por esta manta. Perdimos la primera instancia porque ellos regaron dinero por todas partes. Exigen dos millones de dólares por daño moral, pero como no se trata de una persona, sino de la compañía Arges, esperamos ganar la segunda instancia".

–¿Y a costa de qué amenazó José Ramón a su padre de meterlo a la cárcel?

–La amenaza vino tres semanas antes de esta entrevista con Sasha, quien relató: "Aunque sus hijos mayores ya no ven al padre, lo citaron en casa de Margarita. De esa visita mi marido regresó tan mal, que tuve que llamar al médico para que le bajara la presión. Me contó que José Ramón le reclamó y le gritó exigiéndole que se desistiera del rancho de Valle de Bravo y del juicio de Acapulco. Mi marido le preguntó qué le daría a cambio de esto, a lo que José Ramón le contestó: ¡Que no te meta a la cárcel!".

–Increíble.

–La entrevistada deduce: "Yo quiero saber con qué adquirieron ellos todo lo que tienen. Esto habría que explicárselo al pueblo de México. Llamar a Hacienda y a la Contraloría para ver el abuso del poder que hace esta familia del presidente. Por eso tanto uso de la palabra 'incómodo', que si es el hermano, que si es el hijo, ha habido muchas familias incómodas. Ven que mi esposo está muy viejito que se puede morir y no lo respetan. ¿Cómo lograron tanto dinero sus hijos mayores? Que expliquen al pueblo de México cómo lo obtuvieron. A mí que no me vengan con el cuento de que Hank González les regaló las propiedades. Yo sé de dónde salen esos dineros. Ahora me callo la boca, pero me puedo ir al chisme real e histórico. Si creen que no sé de dónde salió parte de ese dinero, están equivocados, sí lo sé".

–¿Puedes entender para qué pelean por más dinero del que ya tienen? Será que como dice el chiste del español: ¡Por joder!

–Aparte de lo que les dio Jolopo, heredaron de su madre, quien se quedó con la mayor parte de los bienes. Inclusive, Sasha se enteró hace unos 12 años que Paulina tiene una casa en La Jolla, California, con una vista maravillosa al mar. La casa está a su nombre y pagó el enganche con un cheque de 800 mil dólares de un banco de las Islas Vírgenes, del total de un millón de dólares que es el costo de esa propiedad. Y se pregunta: "¿Por qué una muchacha tan joven tiene semejante cuenta en un lugar en donde no se pagan impuestos, donde no se cuestionan cuentas? ¿Por qué? Todo mundo sabe que su marido, Pascual Ortiz Rubio (nieto del que fuera presidente de México entre 1930 y 1932, no tiene dinero, ni su familia tampoco. Y en cuanto a José Ramón, como no ha logrado nada en la vida, de pronto, la culpa es del padre. El hijo se quejó de que, debido a la famosa frase de su padre, 'el orgullo de mi nepotismo', políticamente lo acabó. Yo pienso que al contrario, si su padre lo consideró muy inteligente y capaz, debió haber luchado para demostrar que efectivamente lo era, en lugar de echarle la culpa de sus fracasos".

–¿Qué pensará ahora Jolopo al respecto?

–Precisamente Garfias le preguntó: ¿Se arrepiente de haber llamado alguna vez a su hijo José Ramón, el orgullo de su nepotismo? "En esa circunstancia, yo tuve que enfrentar una responsabilidad y en ese momento tenía yo conocimiento de las capacidades realmente excepcionales del muchacho. Estaba yo orgulloso y lo llamé así porque me parecía que era lo adecuado. Ahora ya está fuera de contexto y suena ridículo."

–¿Qué puede sentir acerca de sus hijos que, ya tan grandulones, no lo dejan vivir en paz su vida?

–Fíjate que él admite: "No tuve el talento habitual del mexicano de manejar el conflicto emotivo en la renovación de familia, no supe. Cometí errores de comportamiento que desencadenaron sentimientos, emociones y pasiones que me son imputables".

–¿Y a poco Jolopo niega que los hijos tengan culpa alguna?

–Dijo: "Yo no diría que culpa. Hay evidentemente una imputación. Si se ha de buscar una culpa, está en la cabeza de la familia, que no supo manejar una situación y arrastró a toda la familia. El responsable soy yo. Con talento, puede evitarse que las emociones encontradas choquen. Yo no pude. Se creó una estructura de odio y animosidad que no supe manejar. En un momento tuve que optar entre una y otra familia por circunstancias que se dan en la vida. Opté por mi mujer y por mis hijos nuevos, que eran los más desamparados. Respaldo a mi actual familia. Cuando tomé la decisión, lo hice con toda conciencia y asumo las consecuencias. Simplemente la vida me ha llevado a este punto tan desafortunado y no puedo estar contento, nadie podría estarlo".

–¿Y dijo algo sobre los líos legales que enfrenta con sus hijos por las diversas propiedades?

–Está convencido que "hay un conflicto de intereses entremezclados con sentimientos, recuerdos, tantas cosas que constituyen la vida familiar cotidiana y me arrepiento de no haber definido a tiempo los intereses de cada cual, los intereses de todo tipo; hay estructuras que no supe manejar y que nos han llevado, para mi vergüenza, a esta situación. Hubiera deseado crear un ambiente propicio para que esto se resolviera en forma inteligente, en paz".

–¡Exculpa a los hijos! ¿Y qué opinaba entonces de José Ramón, después de amenazarlo con la cárcel?

–Afirmó: "Desgraciadamente, como algo ajeno, como algo

extraño. Asumo esta situación con dolor. La vida me ha llevado a este punto tan desafortunado y no puedo estar contento, nadie podría estarlo. Lamento lo que ocurre, incluso esta conversación que normalmente debía yo desechar por tratarse de cosas privadas, la acepté por las circunstancias". Por último, respecto a sus hijos, concluyó entonces que "las cosas estaban en un punto de no retorno".

–Pero los hijos le conocen el talón de Aquiles al papá y tal parece que hubo reconciliación, sobre todo a raíz de que Jolopo confesara que su vida matrimonial con Sasha se había deteriorado —dio Ada su opinión muy pensada.

–Mira, vamos a leer una carta absolutamente reveladora que le envió el papá a su hijo mayor. Esta misiva está incluida en la contestación que Sasha, junto con su abogado Guillermo López Portillo y Vernon, presentaron al Juez Séptimo de lo Familiar, ante la demanda de divorcio necesario que levantó el exmandatario.

–¿Cómo le hiciste para conseguirla?

–Sasha y su abogado me hicieron favor de proporcionarme una copia, tanto de la demanda como de la contestación. Comentaremos más adelante los principales puntos de don José y lo que ella le responde. ¡Vas a darte cuenta de tantas cosas!

–Me muero de ganas por saber todo eso de los golpes y los insultos. Imagínate, ¡todo esto en una figura presidencial! Tendré paciencia. ¿Qué fecha tiene esa carta?

–La escribió en el Distrito Federal el 26 de marzo de 1990. Recuerda que en ese año, estaba en trámite su divorcio con Carmen Romano. Bajo el encabezado con letra de imprenta que dice LIC. JOSÉ LÓPEZ PORTILLO, él mismo le agregó entre paréntesis: *Lamento que sigan viendo mi nombre.*

–Qué frase tan dura. ¿Qué más dice?

–La reproduzco textualmente:

Pepe, mi hijo:

Te escribo porque en temperamentos como los nuestros el tono de voz, la inflexión o hasta una pausa deforma la comunicación: Tengo la convicción de que tu y tus hermanas (y les mando copia de esta carta) son injustos y extremosos hasta la crueldad y el abuso.

Me divorcio de tu madre porque tengo dos hijos pequeños e inocentes a los que proteger y a una mujer con la que quiero legitimar mi vida de pareja, pues ya es inconveniente mantener el amasiato (tan solo la palabra es horrenda).

Como tu madre y desde hace muchos años, no tengo nada que ver. Ni nos queremos y ni siquiera nos respetamos. Cuando nos reunimos sólo hay sarcasmos, pleitos y de parte de tu madre injurias soeces.

No tengo (salvo la reacción de ustedes) ninguna razón para mantener un vínculo formal que nada significa y nadie respeta.

Son ustedes los que han convertido un divorcio en un dilema cruel; si te divorcias nos pierdes. Se convierte así en un problema de dos en una guerra entre familias. O Pepe, Yiyi y Paulina, o Nabila, Alejandro y Sasha.

Y, así, tengo que optar entre horribles inconvenientes.

Y opto, con mucho dolor. Estoy con los que más me necesitan. Ni tu madre, ni ustedes me necesitan, soy para ustedes un viejo inescrupuloso que estorba.

En cambio para los otros soy apoyo y garantía. Aunque viejo, quiero darles lo que ustedes ya les di. Es justo. Entiéndanlo.

Es cierto,, como les dije a tus hermanas, mi pecado ha sido las mujeres. Si no hubiere sido así me canonizarían como San Agustín de Hipona. Tu sabes que no he matado, ni robado, ni estafado, ni odiado, ni me he vengado, ni he hecho nada de qué avergonzarme en mi vida pública.

En mi vida privada me he portado mal con tu madre. Tenía mis razones. No tendré la avilantez de hacerlas valer.

Soy culpable; pero de ahí a que, por ello no puedo estar con mis hijos pequeños y darles el lugar que ellos, inocentes, se merecen, hay un abismo. Mi culpa no es amar a tu madre. Trata de entenderlo.

En el pasado habíamos hablado en otras circunstancias, de que no me divorciaría. Recientemente (diciembre) hablé con tus hermanas para que hablaran contigo en Oxford, e incluso, hablaron con tu madre. No reconozco ningún compromiso que me impida divorciarme.

Es curioso: ustedes admiten a la amante y a los hijitos bastardos del viejo loco; pero no a su legitimación. Piénsenlo. Yo quiero presentar a Sasha como a mi mujer y a mis hijos como de matrimonio.

Así de simple. Ya necesito la normalidad; inclusive tu madre a la que debe darle vergüenza a su apellido que injuria y del que reniega. Así de simple. Cada quién su lugar.

Bajo amenazas me pides, por caballerosidad, que suspenda hasta agosto la demanda. No entiendo.

No puedo, Pepe. Ya está resuelto, sólo retorceríamos más el látigo con el que me están golpeando y no quiero. Al mal paso, darle prisa.

Piensen en que lo que a todos conviene es el divorcio voluntario. Ya me dijeron que no. Pues bien, adelante hasta donde quieran el escándalo. Todos perderemos. Yo, menos porque soy el que más he perdido.

Pero que quede claro: no me imputen como mi responsabilidad la difamación, la calumnia y el propio escándalo. Todos sabemos dónde se originó. Yo, como ustedes lo he padecido. Es la consecuencia de vivir. Soy la causa; pero no la culpa. No me la echen.

Respecto del otro asunto que me trataste, los bienes de la colina: Hagan todo ello lo que mejor les parezca y formalícenlo como quieran. Como si ya me hubiera muerto y se repartieran mi carroña.

Ustedes saben que los bienes materiales no me importan. Quiero, sí, seguridad para mis hijos pequeños, como seguridad les di a ustedes.

Es de elemental justicia. Pero ya me enteré, por tus hermanas, que ni siquiera me reconocen una cuarta parte en la casa de Acapulco.

Como quieran, haya ustedes; ¡Cómo quieran!

Creo que para eso sí debemos (ojalá podamos) hablar en agosto, salvo que tengan mucha prisa. Como quieran.

Considera, por otro lado que, tu madre quedará económicamente protegida (tiene más que nadie y machismo más de lo que yo tengo).

Les mantendré la seguridad de la que tanto se queja y desdeña. Me comprometo.

Además tendría la libertad para aparentar lo que mejor quiera.

En fin hijo: Sé que te vas a enojar y a seguir renegando de este viejo que, como no se murió a tiempo, sigue viviendo la vida con el deseo de ser feliz, ahora que, por primera vez en su vida lo puede ser con el solo impedimento de la posición de ustedes que se han inclinado del lado de su madre.

No tenían porqué repudiarme para apoyarla. Le hubiera con darle cariño, compañía y comprensión.

Es injusto que se hayan ido al extremo en el que se han puesto incomprensibles por un divorcio, salvo que no están pasando la cuenta por todo lo que he hecho y no me reclamaron. Eso sólo ustedes lo saben. Para mí es cruel e injusto.

En fin hijo. No quiero complicar más esta carta. Quiero que sepan que los adoro, los admiro y los respeto; pero no puedo plegar mis decisiones a sus amenazas y menos cuando no tienen razón. Con el tiempo lo entenderán. Lo siento mucho. Nunca pensé ni así los perdería.

Es cruel pero así lo quieren como no imaginas.

Tu padre que te quiere. (Rúbrica).

Ada, impresionada, tomó respiro para decir:

–Pobre de Jolopo, ahí muestra miedo a más escándalos, ¡después de los tantos que le cayeron por sus criticados actos de gobierno! Fíjate, Eli, en esa parte en que se queja de la pérdida de respeto por parte de Carmen Romano, de la que sólo recibía "injurias soeces". Sí que le ha llovido duro en su milpita. Ahora resulta que, según sus propias versiones, ha recibido una bola de agresiones de parte de sus dos esposas. Por algo será.

–Y sobre todo, reconoce la dificilísima relación con sus hijos mayores —hizo hincapié la reportera.

Las amigas concluyeron que las deshonrosas situaciones siguen dando vueltas, mientras el exmandatario se va consumiendo entre la espada y la pared.

El complejo de Electra al cuadrado

Son hijas adoradoras de su padre. Paulina López-Portillo Romano asegura que su papá fue el amor de su vida. Su hermana mayor, Carmen Beatriz López-Portillo es autora de un enorme libro de lujosas hojas con las fotos de papá. Ambas muy adultas y unidas para reclamar el amor del progenitor, para desgarrarse cual víctimas del abandono.

Paulina publicó *El Horror* (ediciones Coyoacán) en 1999, libro de relatos y cartas. En el prólogo de la primera parte, José Ramón explica: "Esta obra no se le puede dar un tratamiento de una categoría filosófica o psicológica. El horror se manifiesta como una imperencia inenseñable, ininteligible que se expresa como un *pathos* destructivo, repulsivo, de profunda confusión y vaciedad: melancólico". Con esta descripción, los lectores podrán darse idea del enredado y extraño contenido.

En cambio, las cartas de Paulina sí son muy claras. Su hermana Carmen Beatriz, quien escribe el prólogo de la segunda parte, las comenta con una agresividad inaudita e irrespetuosa hacia Sasha Montenegro, en la "vivencia misma del horror que el padre sufre, por la melancolía, al perderse en las fauces de la cosa (la prostituta)".

La fecha de la primera carta es el 20 de abril de 1996, con este comienzo:

Papá: Ante la ruptura de la palabra optamos por escribirte con el miedo que significa la imposibilidad misma del diálogo. Y refiere: *Es sábado, una semana ha transcurrido desde que nos enteramos de que calumnias penalmente a tu propio hijo.* Justifica la extracción de los libros que José Ramón hizo sin autorización y en ausencia del papá así: *Buscarte entre los libros de la biblioteca de la casona, significó la desesperación por volver a encontrarte, de llevarte con nosotros ya habiéndote perdido. Nos abandonaste tú que eras el refugio, tú que eras el soporte de lo que el mundo es incapaz de soportar, tú el sentido y la meta, tú la nostalgia y la gratitud de vivir. Tú, que eras todo lo que no se traspasa en la herencia económica o material, ni está signado en una escritura, testamento o letra, sino se obtiene en la convivencia diaria vuelta historia y propuesta, en la intensidad del amor vuelto respeto y promesa de transmitirlo.*

–¡Qué bárbara Paulina! No se midió. Para empezar, no habla por ella misma sino con un "nos", o sea, el trío que sigue pegado cual lapa a su papito que según sus propias palabras, lo es todo para ellos. ¿No pueden crecer, madurar sin él? —dedujo Ada, ya descansada del jaleo del intenso tráfico que encontró al anochecer, en el camino rumbo a la casa de su cuatacha.

–Ese "nos" quizá podría incluir a Carmen Romano, quien llegó a la presentación del libro. De hecho fue su última aparición en público antes de morir.

–Mira nada más ese vuelco que quieren darle a la relación, en que excluyen el interés económico de la herencia, pidiendo sólo apapachos de papá. Entonces todos los pleitos legales para quitarle los bienes a Jolopo y dejar en la calle a Sasha y sus dos hermanos menores, ¿queda borrado ante estas palpitantes declaraciones de puro amor espiritual? ¡Creo que son arranques de Evenflo! —exclamó la chaparrita, queriendo arrebatarle el libro a su amiga para dar crédito al contenido de esas cartas, pero calmó sus ímpetus.

–También observa, mi querida amiga, que Paulina incluye la frase del "amor vuelto respeto" que extraña y exige. Ella y sus hermanos no han respetado ni los bienes ni el divorcio de su padre, y menos la boda con Sasha, una relación de 17 años, tiempo suficiente para asimilarla.

–Tal parece que el papá es un objeto que les pertenece a los hijos, sin el mínimo respeto a su cerebro, como si no lo tuviera para tomar sus propias decisiones.

–Échale ojo a esta frase: *Los libros que nos leíste no se los leíste a tus nietos, tampoco se los has leído a tu otro hijo (¿o de otro?).* En primer lugar, cómo sabe ella que no se los ha leído a su hijo menor Alejandro, si no tiene contacto con él y cómo se atreve a dudar de la paternidad del niño sin prueba alguna.

–Pues si a dudas nos vamos, estos tres hijos mayores, con los reclamos tan fuertes hacia el papá, parecen más bien enemigos y en el caso de ellas, amadas despechadas.

–Ah, Paulina habla de un amor incondicional. Escucha este texto: *Tal vez piensas que ya nos diste lo que podías darnos y no quieres aceptar que todavía te adoramos, te necesitamos infinitamente, y que queremos que quieras también nuestro amor.* En otra misiva, Paulina hasta se siente celosa de su hermano cuando refiere: *Siempre lo quisiste más. Yo sólo fui un consuelo, no un amor. Tú en cambio fuiste el amor de mi vida.* Si lo lees sin saber quién lo escribe, te confundes: no sabes si es una carta del enamorado y no correspondido Cyrano de Bergerac en femenino o de unos infelices hijos que carecieron de atención y afecto.

Ada, sorprendida de tal confesión de Paulina, pregunta: ¿Será que su esposo Pascual Ortiz Rubio tampoco la ama tanto y por eso el amor de su vida es papá, ese hombre que no la corresponde como quisiera?

–A mí me suena a vil chantaje para hacer sufrir a Jolopo. Fíjate cómo lo cuestiona. En otra carta en la que advierte que no se la enviará y, sin embargo, tres años después, la publica a los cuatro vientos, se lee: *¿Cómo describir la sordidez del juzgado, tu paso lento e indiferente entre corredores de expedientes apilados, tu mirada perdida y comprometida a una actitud altiva que se evaporaba con el calor y el sudor de tanta gente? ¿Cómo describir a quien no eres? Un ser arrogante, maldito (no malo, quisiera creerlo), un loco que no sabe lo que hace, un viejo apagado cuya única intensidad es una culpa perversa, explotada por una prostituta que se apoderó de su alma. ¿Cómo describir el deseo asfixiante de que me miraras para mirarme en tus ojos como antes, para identificar en tus pupilas algún destello del pasado, de ese hombre que fuiste por tantos años? Pero no. No.*

–Qué contradictoria. Manda y no manda, es y no es. Ama y odia. Ella se instala en el papel de buena y sufrida, mientras ataca a la "prostituta", a quien ni siquiera se atreve a decir su nombre. Duda si su papá está loco, ¿y a poco la autora se ve muy cuerda?

–Se nota que los resentimientos le salen a flote y más cuando escribió: *No niego que a veces te aborrezco, que no puedo olvidar la devastación que hiciste en nuestras vidas. Principalmente porque pareces no darte cuenta de la traición que cometiste. Ni tienes intención de remediarla. Menos de pedir perdón; menos de aceptar que tu locura es lúcida; que nada has hecho sin posibilidad de responder.* Y la remata con estas conclusiones: *No me importa invocarte todos los días y que todavía me salgan lágrimas que no puedo explicarme. No me importa no sentir el suficiente coraje para vengarme, para salir de una buena vez de este atolladero. No me importa que no te importe. No me importa teclear con mi máxima fuerza cada letra para imprimir este vacío que me provocas. No me importa que me duelan los dedos y me vaya a morir mañana. Nada más no quiero que tú mueras.*

–O sea, que le importa y no le importa, que no olvida y sí olvida, que la devastaron pero desea que siga viviendo el devastador. No le importa lo que haga el papá, ni siente el suficiente coraje para vengarse, pero ahí les va la publicación de *El Horror*, una venganza literaria muy canija y duradera.

–Para acabar con esta retahíla de acusaciones, oye esto: *Si nos acusas porque quieres defender ciertos principios, como la propiedad de unos libros, déjanos recordarte que los libros se los regalaste a tu hijo cuando cumplió la mayoría de edad; de la misma manera como a ti tu padre te los dejó: con el anillo del escudo familiar y el Cristo de la Casona. Hay otros principios que nos enseñaste, superiores que el de respetar la entrada a la biblioteca pidiendo permiso (nunca te pedimos ni perdón ni permiso, porque nunca nos impusiste reglas, tampoco nunca te ofendimos), y que, sin aviso, hoy es de una mujer iletrada.*

–Si fuera cierto que Jolopo se los regaló a José Ramón, pues los tendría, por lógica, en su haber. En cuanto a pedir perdón y permiso, ni hablemos, ya vemos que no existen en sus acciones. Si consideran a Sasha una mujer iletrada, mientras ellos se sienten tan "letrados", ¿de qué les han servido los conocimientos, si tienen "una vida tan devastada" como lo afirma Paulina?

–Y la literatura tan cuestionable que muestra Paulina en *El Horror*, aun cuando cita a diversos intelectuales en español y en inglés, como para deslumbrar. Uno de sus relatos lleva el fino título de *El daño de la prostituta*. Cito una parte: "Dios ha muerto y la muerte quiere dominar: ¡esa prostituta maldita! Ese agujero que se quiere comer otro agujero, el que dejó Dios. Dios, amor, a-diós... se fue con él, el amor murió con Dios. ¡Doble muerte! ¡Doble odio! Cruz que tengo que cargar hasta que me aplaste y la prostituta pueda devorarme por completo".

–¡Wow! ¡Holy Jesus Christ! ¡Save her from the holes! También yo sé un poquitín de inglés —presumió Ada—, sólo le podemos desear que no la aplaste la cruz y no se la coma el agujero.

–Otro texto, titulado *Apocalipsis o el cruzamiento de las líneas telefónicas*, está plagado de tachaduras y signos demoniacos como el 666 y culmina con la frase "Death Penalty". Por eso, Ada, le dedicamos a Paulina este capítulo 6 de *El presidente y sus amadas*, para que se identifique con el numerito.

–Quiero entender, si puedo, que con esos seises se le cruzaron las líneas del teléfono mental. ¿Qué no se refiere a temas menos escabrosos?

–Hay otro ensayo o cuento que hasta lo imprime con letras gordas, como para que resalte, titulado *¿Qué viene después del sujeto? El sueño.* La frase de entrada es: "Flores rojas. Rosas rojas cayendo suave y aterciopeladamente de un techo que es el cielo". Una piensa que va a ser un tema suave, hasta que lees: "¡Me da una vergüenza infinita estar desnuda! ¿Me tapo el pecho? ¿O tal vez el pene? ¿O la cara? Nada tiene sentido. ¿Qué agarro para cubrirme? La cortina. Me envuelvo en la cortina, pero por más que la jalo no se viene abajo. Presentarme desnudo/a es un evento: todos en cueros se pasan máscaras mientras bailan, toman y se burlan. Yo, avergonzada, me empiezo a excitar. Hago el amor con la cortina y me quedo dormida. Pero duermo estando despierta".

–Uf, mejor que le cuente sus sueños al psicólogo. ¿Te acuerdas que se lanzó como cantante durante su estancia en Los Pinos? Su carrera acabó más pronto de lo que empezó. Hoy se dedica a la escritura, pero sin notas musicales.

–Lo que sucede es que los López Portillo viven obsesionados por publicar libros. Se ve que para Paulina es una catarsis, un exorcismo. Y además, compite con papá, su enorme figura.

–¿Para qué exorcizan sus intimidades en público? ¿Para darnos lástima ajena o para exculparse?

–A lo mejor para que le des un pequeño voto de comprensión y adivines sus patologías. Precisamente reparé en algo muy interesante respecto a los estados mentales de padre e hija menor —indicó Elisa. Por un lado, Paulina escribe: "Me arrastro viviendo una duplicidad de tiempos como si fuera una esquizofrénica". Y su papá, en *Umbrales*, habla con un tal Don Q, y se especifica que este Don Q es el título de un libro y "nombre con el que, en diálogo ligeramente esquizofrénico con su adolescencia, se llama a sí mismo el propio autor".

–Ah, nos advierten que andan bailando con la esquizofrenia, eso sí que me da horror. Bueno, volviendo al tema de los excitantes cortinajes, ¿qué estudió la confusa Paulina?

–Obtuvo la licenciatura de historia en la Universidad Iberoamericana y tomó algunos cursos de posgrado en la Universidad de California, en San Diego. Tiene diplomado, maestría y doctorado en filosofía en la Ibero, donde dio clases. Escribió un libro de filosofía titulado *Libertad o poder* y diversos artículos. Además, ha dado clases en la Universidad del Claustro de Sor Juana, que dirige su hermana Carmen Beatriz.

–Ah, entonces los principales y actuales cerebros del Claustro son las hermanas López-Portillo Romano. Pero fue su tía Margarita la que rescató el claustro y lo hizo universidad ¿verdad?

–Por aquí tengo los datos. Vamos a ver. El convento, fundado en 1585, fue dedicado a San Jerónimo. Con las leyes de Reforma en 1857, lo expropió el gobierno y una parte del terreno se vendió a particulares que hicieron diversos negocios, inclusive, en la década de 1950 funcionó como centro nocturno. La labor de rescate se inició a fines de los sesentas, con el historiador Francisco de la Maza, conocedor de la arquitectura novohispana, además de que la Secretaría de Educación intervino para detener el saqueo de cantera y herrería. Durante el gobierno de

Luis Echeverría, a instancias de Margarita López Portillo y Pacheco, se expidió un decreto para rescatar y proteger el exconvento y su templo. Y en 1976 se hicieron labores de investigación para su rescate. Y durante el gobierno de López Portillo, en 1979, nació la Universidad del Claustro de Sor Juana, en Izazaga 92, Centro Histórico.

–Realmente esa labor de Margarita sí tiene mérito. Ella fue la que lo rescató y estableció ahí una universidad. Oye, después de su estancia en España, a su regreso, fue directora de este claustro, ¿verdad?

–Sí, pero lo curioso es que si hablas a la oficina de Comunicación Social de la Universidad del Claustro de Sor Juana, a cargo de Lourdes Barreda, para pedir el simple dato de los años en que Margarita lo dirigió, ella te hace más preguntas que un detective: por qué quieres saber, para qué publicación es, cuál es tu teléfono, etc. Yo hasta le repliqué: ¿El dato es un secreto de Estado o qué?

–Imagínate lo ciscada que andará Carmen Beatriz entre tantas ventilaciones de la vida privada de toda la familia.

–Pero el que nada debe, nada teme. No era una pregunta respecto a su vida personal. Ese interrogatorio de Lourdes me pareció un tanto sospechoso. Y recordé que Sasha comentó en la entrevista que, durante las visitas que los hijos mayores de su marido hicieron al Hospital Ángeles, discutían acaloradamente debido a que "Carmen Beatriz estaba en un juicio para destituir a la señora Margarita del Claustro, le quitó el puesto por medio de un juicio".

–Oye, Eli, confirmamos una y otra vez que los hijos están enclaustrados en juicios. ¿Qué dirá Carmen Beatriz respecto a su tía Margarita?

–Te lo voy a decir. Cuando yo aún trabajaba en la revista *Época*, solicité una entrevista con ella a mediados de 2001 para conocer el funcionamiento del Claustro y su secretaria me advirtió que no se le podían hacer preguntas personales. Carmen Beatriz llegó a su oficina acompañada de Paulina, quien enseguida se despidió de la hermana. Las dos son físicamente bellas y visten con elegancia, nada que ver con los atuendos de su mamá. Esta rectora me explicó que su tía Margarita dejó la rectoría del Claustro debido a su avanzada edad.

–Hay rectores y maestros de muy avanzada edad. Más sabe el diablo por viejo que por diablo, dicta el sabio refrán popular.

–Y de hecho no me dijo que su tía haya decidido que la sobrina ocupara su lugar. Acuérdate que la misma Margarita hizo el comentario que Carmen Beatriz era la de carácter más difícil por su parecido con la mamá. Pero conmigo esta directora fue muy amable, deseosa de hacerle una gran propaganda a la Universidad del Claustro. Curiosamente, aunque el fin que persigue la universidad es "forjar hombres y mujeres con profundos ideales humanistas quienes amen el conocimiento y la verdad", la carrera de mayor solicitud es la de Gastronomía. Se imparten, además, Ciencias de la Cultura, Arte, Comunicación Audiovisual, Filosofía, Humanidades, Literatura y Psicología. Carmen Beatriz aseguró en aquella ocasión que hay más de mil alumnos, aunque se ve escaso movimiento de estudiantes en los patios. Habló de grandes planes a futuro: en septiembre de 2002, aseguró que habrá un nuevo campus universitario en la Casa de la Marquesa de Sierra Nevada, edificio que está siendo rehabilitando y con éste espera aumentar su matrícula a 2 mil estudiantes dentro de tres años y, además, afirmó que con la ayuda del estudiantado apoyarán el programa de rescate del Centro Histórico con la creación de un corredor cultural alrededor del Claustro en un plazo de cinco años. Al final de la plática, presumió el enorme libro que me dijo haber editado con fotos de su papá en 1982.

–No podía dejar de hablar de papá. Además, veremos si sus planes toman forma. ¿Y qué estudió Carmen Beatriz?

–Me dio un curriculum vitae de diez páginas en el que detalla de todo: participaciones en radio, en conferencias y congresos, publicaciones y presentaciones de libros. Nació el 7 de abril de 1955, obtuvo la licenciatura en Derecho en la Universidad Autónoma Metropolitana, maestría y doctorado en Historia de América Latina en la Universidad de La Sorbona, en París, con otros cursos y seminarios. Ahí indica que además de ser directora general del Centro Universitario de Ciencias Humanas, A. C. de 1991 a la fecha, es directora general del Claustro de Sor Juana A. C. de 1991 a la fecha; y presidenta ejecutiva y directora general de la Universidad del Claustro de Sor Juana de 1994 a la fecha. Es curioso que sea doblemente directora general del claustro y después de la universidad del mismo lugar.

–Creo que ahí es donde hubo gato encerrado —dedujo Ada, desconcertada.

–Desgraciadamente, desde el año pasado, Margarita ha estado convaleciente, por lo que se ha negado a aceptar una entrevista para darme su punto de vista al respecto. Uno de sus ayudantes me indicó que ella no se acuerda de mi nombre, que ni me conoce. Su salud debe estar muy mermada con tantos dramas familiares. Ahí te va otro, poco conocido. Sasha me dijo que los nietos de Margarita le quisieron quitar la fortuna sin esperar el fallecimiento de la abuela para el reparto de la herencia: "Los abogados de los sobrinos nietos de mi marido venían a la casa para presionarlo, a pesar de su convalecencia después del infarto cerebral. Uno de ellos, Hernán Cordero Galindo, le escribió una carta, que ahí tengo, con una impresionante cantidad de insultos; entre otras cosas dice que 'ustedes, ya viejitos, lo único que les queda es ponerse pañales y descansar, nosotros los jóvenes somos los que tenemos que manejar el dinero'. Inclusive, golpeó a Margarita en un altercado. Quién diría que cuando mi esposo entró a la presidencia, los sobrinos nietos vivían en Satélite, en una casita de dos recámaras y gracias a mi marido, todos se fueron a vivir a Los Pinos. Y ahora, estos sobrinos nietos le llegaron a decir a mi marido que no tenía pantalones para defenderlos en contra de su propia hermana".

–Me quedo lela con tantos problemas de zapatazos y zapotazos de poderes, de rebatinga de fortunas.

–Hay otro candente tema que vale la pena comentar: el caso de la periodista Isabel Arvide. A la fecha ya ha perdido tres demandas que Sasha levantó en su contra por daño moral. Para empezar, Arvide afirmó que Sasha era "una encueratriz venida a menos" en la revista *Impacto*, en 1997.

–No es ningún secreto que se haya desnudado en algunas de sus películas. Pero Sasha no estaba "venida a menos" por el hecho de interrumpir su carrera para casarse con un expresidente. O sea, yo pregunto: ¿Todas las actrices populares que se casan en la plenitud de la carrera, vienen a menos?

–Tienes razón. Ella no estaba entonces retirada del medio artístico, que le reportaba tan buenas ganancias que hasta se hizo empresaria de teatro. La segunda demanda se debió al hecho de que Arvide calificó a los hijos de Sasha y José López Portillo de "bastardos".

–¿Cómo se atreve a tildarlos de "bastardos" si están registrados legalmente por el papá? Esa palabreja de "bastardo" se usó en siglos pasados, especialmente por quienes presumían de linajes, pero según la ley de nuestro país, todos los hijos están reconocidos y protegidos, dentro o fuera del matrimonio —dijo Ada, malhumorada, y agregó—: me quedan serias dudas de esta informadora.

Elisa recurrió al diccionario: "bastardo" significa "que degenera de su origen o naturaleza", por lo que afirmó:

–Nabila y Alejandro son bien parecidos, inteligentes e hijos de una unión legítima, por eso Sasha afirmó con toda razón: "Yo no le puedo permitir a nadie que ataque a mis hijos. No tendría ni honor ni dignidad como madre. A mis hijos no los toca nadie. Tampoco a mi marido y menos en las condiciones en que está, porque si fuera un hombre joven, fuerte, se podría defender solo. Como está muy debilitado, prefiero enfrentar sola la situación, aunque ello me valga críticas".

–¿Y tienen algo que ver con todo esto los hijos mayores de Jolopo?

–Sasha me dijo que tenía el casete de cuando Isabel, en su desesperación, le agradece a José Ramón, Carmen Beatriz y Paulina todo el apoyo que le están dando y que ahora le toca a José Ramón pedir las pruebas del ADN de esas criaturas para ver si son merecedoras de llevar el apellido López Portillo. Y cuestiona en esa entrevista que me concedió la exactriz en marzo de 2001: "Al ganar yo el juicio, ella se quejó que no tenía dinero, que se quedaba sin casa y me entero que se acaba de comprar un departamento de lujo en la colonia Bosques de Las Lomas. Me pregunto: ¿Quién le pagó para hacer ese desprestigio a dos criaturas menores? A mí no me consta que se lo hayan pagado los hijos de mi marido, pero deduzco que es probable".

–Por lo menos, los cuatro tienen algo en común: le pegan durísimo a Sasha.

–En cambio, Arvide niega que los hijos la hayan apoyado. Mira, aquí tengo una entrevista bastante reciente, que le hizo la reportera Graciela Rodríguez Fierro en *TV Notas* el 29 de enero de 2002, donde le pregunta si estaba apoyada por los hijos de José López Portillo, como se había dicho. Isabel respondió: "No he recibido ni una llamada telefónica de ellos. Tendrían mucho que agradecerme, pero jamás he recibido nada de ellos, al contrario, han sido groseros conmigo".

–¿A poco ni las gracias le han dado?

–Isabel Arvide dijo al respecto: "No, en lo absoluto. A final de cuentas, son tal para cual. Hemos visto una familia que ha exhibido en público sus ropas sucias, donde veo que López Portillo tiene los hijos que se merece y ellos tienen el padre que merecen, porque tal parece que están regocijados en la mier..., sin ningún respeto a los ciudadanos. ¿De quién es esa casa que han estado peleando tanto? ¿Quién la pagó? El pueblo".

–¡Arvide habla de mierda y mira cómo ella se la echa a Sasha! Además, no fueron los hijos ni la exactriz quien obtuvo esa casa a costa del pueblo, como lo quiere justificar Isabel, el único responsable sería Jolopo.

–Lo increíble del caso, es que Isabel continúa muy bravucona, como si "su verdad" fuese la única válida. En otros dos programas de *Tómbola* y en varias publicaciones, ha seguido atacando a la exactriz. Ya hay una tercera demanda en su contra debido a que Arvide afirmó que la mamá de Sasha la buscó para contarle que su hija "era una prostituta y una drogadicta". Lo peor del caso es que Isabel no tiene tal entrevista grabada, como lo haría una sensata periodista para respaldar lo que declara. Se defiende alegando que no tenía por qué grabarla, pero que "tiene el derecho como ciudadana de hablar".

–Resulta obvio que perdiera la tercera demanda. ¿Por qué le tendrá tanto odio a Sasha?

–Fíjate lo que dijo Arvide en *Tómbola*, en su última intervención del hoy desaparecido programa: "Yo no la odio en absoluto, para nada, para mí no existe Sasha (pronuncia mal su nombre, dice Sacha). Pero yo sí creo que existe Dios y que existe justicia y por eso la repudió López Portillo". ¿Le dio gusto que se hayan separado? Le preguntaron, a lo que Isabel contestó: "A mí no me da gusto; a mí me da tristeza por la institución presidencial".

–Me parece ridículo eso de que "para mí no existe Sasha". De ser así, ¿por qué se mete con ella? Usemos la lógica: si para ella no existe, por ende no puedes hablar de alguien desconocido. Ahí hay un odio muy extraño...

–Bueno, aquí tienes una clave: Arvide afirmó que fue muy amiga de Flora Mariscal (quien fuera compañera sentimental del expresidente), por lo que "él me hacía confidencias sentimentales y Flora también". Cuando le preguntaron a Isabel si había estado interesada o enamorada de López Portillo, contestó que no, que inclusive "Flora me decía que López Portillo no era un buen amante".

–Ve nomás. Con Arvide, todos salen raspados.

–Isabel dijo de paso que Sasha insultó y golpeó a Flora en la puerta de la casa de Cuajimalpa, cuando el exmandatario vivía con esta arquitecta. Yo misma llamé por teléfono a la exactriz para preguntarle si era cierto, y ella me contestó: "Cómo va ser cierto, si esta casa está bien protegida con una escolta asignada por el Estado Mayor Presidencial".

–Y ni modo que Flora saliera caminando a la calle para hablar con ella si ahí todos salen y entran en auto. Este detalle queda en entredicho. ¿Y cuánto le han costado esos insultos a Isabel?

–Hablé con el abogado de Sasha, Guillermo López Portillo y Vernon, quien me dijo que Arvide tenía que pagar por las tres demandas un total de dos millones de pesos. Y como la periodista sigue agrediendo a la exactriz, el abogado asegura: "Entre más lo haga, más demandas tendrá en su contra".

–Y ni así cierra la boca, habiendo tantos otros temas en qué ocuparse. ¿Y ya pagó ese dinero?

–La misma Isabel dio una entrevista a la reportera Graciela Rodríguez Fierro para la revista *TV Notas*, el 29 de enero de 2002. Afirmó que tuvo que vender su casa, a contrarreloj, en dos millones 300 mil pesos, cuando en realidad estaba valuada en 3 millones 300 mil pesos. Y con el adelanto de esta venta, ya le había dado a Sasha un millón 400 mil pesos, pero le faltaba pagar 600 mil más por la tercera demanda. Lo increíble del caso es que Isabel no se arrepiente de sus agresiones al afirmar: "No me arrepentiré jamás de decir la verdad, de ser congruente conmigo misma y menos de no haber salvado mi casa con una mentira, con una inmoralidad de ponerla a otro nombre. Lo que me lesiona es que el sistema de justicia esté del lado de los poderosos".

–Qué devaluada se siente, porque sabemos que los periodistas pertenecen al cuarto poder que está vigente, mientras Jolopo perdió el poder hace 20 años y muy quemado, con el desprestigio a cuestas —afirmó Ada, muy enterada.

–El mismo exmandatario le relató a Fidel Samaniego, del diario *El Universal*, que cuando había dejado de ser "el señor presidente", estaba muy solo: "Me consumía la desazón. Quienes me halagaron y elogiaron, me calumniaban, me negaban. Y sí, fui brutalmente calumniado y golpeado; cuando me di cuenta, me habían quitado las partes blandas, me habían dejado sólo un alambre que me sostenía. Y mis hijas pasaron de la gloria al infierno, tenían que estar escondidas, y eran insultadas, y yo era insultado, ofendido, agredido".

–Más claro, ni el agua. Ahora, que si Arvide se refiere al poderoso caballero que es don dinero, ella también tiene su capital. Con los magros sueldos de los periodistas, me pregunto de dónde ha obtenido ella dinero para tener esa casa que aseguró estaba valuada en 3 millones 300 mil pesos. He oído comentarios entre tus colegas periodistas en el sentido de que Isabel recibió mucha lana del exgobernador chiapaneco Absalón Castellanos, además de otras prebendas de diversas secretarías cuando fue dueña de una revista que, si mal no recuerdo, se llamaba *Cambio Siete*, misma que desapareció del mercado. Me contaron que hasta se daba el lujo de estar protegida con una escolta.

–Se habla mucho al respecto, pero no hay pruebas. Esas prebendas se suelen dar sin recibos. Yo sólo tengo un lujoso libro titulado *El gobierno de mi general*, en el que Isabel Arvide afirma en el prólogo que "su" general Castellanos "logró con su inexperiencia política a cuestas, transformar Chiapas". El mismo Absalón me lo obsequió cuando me dio una entrevista exclusiva el 22 de febrero de 1994, al cabo de que fuera liberado del secuestro que padeció a manos del Ejército Zapatista de Liberación Nacional, dirigido por el subcomandante Marcos.

Ada no entendió bien por qué Isabel tomó como suyo al general e hizo hincapié en saber si ya pagó lo que restaba de las tres demandas.

–Recientemente, en marzo de 2002, Arvide declaró en *Ventaneando*: "Tendré que pagarle en estas tres semanas 2 millones de pesos ya. Tiene que haber libertad de expresión, para mí es un problema de convicciones. A mí no me importa quién sea ni deje de ser Sacha Montenegro. La mejor calificación que se le puede hacer a ella está en la boca de toda la gente". A la pregunta: ¿Cuánto tiempo más estás dispuesta a soportar o pagar por esa libertad de expresión? Contestó: "Todas las que me pregunten. A final de cuentas, lo que menos importa es una señora muy venida a menos, una señora vilipendiada por el señor con el que vivía, una señora acusada de haberlo golpeado, una señora acusada de las cosas más grotescas y abominables. Ella no existe y con toda la arbitrariedad, la señora Montenegro, sus abogados, sus jueces, fueron a embargar a casa de mis padres, para requerir el pago de esta tercera demanda, de la cual los jueces tienen a bien, también de una forma muy inmoral, enterarla primero a ella. Mi padre tiene 79 años, mi padre es un médico retirado que no tiene ingresos. Si la señora Montenegro lo que quiere hacer es vivir de mí, vivir de quien sea, bueno, alguien tendrá que decirle que esto tiene un precio, ¿no?".

–No veo por qué Arvide no ha cubierto el total de la deuda si ella misma dijo que ya vendió su casa. Pero fíjate que se refiere a Sasha como "la señora Montenegro". Además, esto de que ella quiere vivir de Arvide, me parece ridículo, si Sasha le dio un buen revés al declarar que la mayor parte del dinero obtenido por esas demandas está destinado a una institución de beneficencia, ¿verdad?

–Sí. En la entrevista que le hice aseguró que lo donaría a la comentarista de noticias Lolita de la Vega, quien tiene una fundación de niños de bajos recursos pero buenos estudiantes, de modo que se les otorgan becas para seguir sus estudios en Villahermosa, Tabasco: "Lolita me dijo que ese dinero va a servir para construir un albergue para los niños que llegan de otros estados y no tienen lugar para quedarse a estudiar; pocas personas saben de esa labor humanitaria que realiza Lolita de la Vega". Inclusive, ya donó 500 mil pesos, después de pagar honorarios al abogado y gastos del juicio. Y por cierto, Lolita fue la madrina de la boda religiosa de Sasha con don José.

–Aunque Arvide dice que ganó ese dinero con el producto de su trabajo y muchas lágrimas, más vale no escupir para arriba porque luego te cae en la cara, me aconsejaba una tía abuela que era muy coscolina —dijo Ada, con una carcajada.

–Hablando de coscolinos, palabra que el diccionario de la Real Academia Española define como "enamoradizos", nos falta hablar, nada menos, que de otra hija que tuvo el expresidente con una mujer mucho más joven que él.

–¿¿¿Un sexto hijo???

–La primera en referirse a esta hija llamada María del Refugio López Portillo Rosales, quien tiene ahora 15 años de edad, fue Lolita de la Vega, en su programa de radio *Frente a frente*, el 19 de enero de 2002. Y dos semanas después, Graciela Rodríguez, de *TV Notas*, hasta publicó una copia del acta de nacimiento de esta quinceañera, donde consta que José López Portillo la reconoció legalmente.

–¡Híjole! Fíjate que lleva el nombre de la mismísima mamá de Jolopo... como suele decirse, ¡en la madona! —exclamó Ada, la dicharachera. ¿Y quién es la madre de esta jovencita?

–Es Sandra Rosales. Ella relata que conoció a José en Los Pinos en 1980, cuando tenía 16 años de edad. Sandra era amiga de José Ramón López Portillo y María Antonieta García López Loaeza. En 1987, a los 23 años de edad, Sandra dio a luz una niña reconocida por el expresidente como su hija, o sea, que es un año menor que Nabila, la hija de Sasha. Sandra declaró a *Milenio* que después del nacimiento de María del Refugio, la relación se mantuvo seis años, aunque ella vivía con sus padres y el exmandatario en su casa de Cuajimalpa. Durante ese tiempo, el papá vio a la niña y se hizo cargo de los gastos, pero desde 1995, no volvió a verla.

–A raíz de la embolia cerebral, seguramente. ¿Qué pasó luego?

–Sandra es abogada y dijo que cuando se quedó sin empleo en 1998, solicitó al padre la pensión alimenticia de su hija, cuestión que le molestó al expresidente, pero llegaron a un acuerdo. Al año siguiente, en agosto, Jolopo acudió a los juzgados para discutir el monto de la pensión, argumentando que los siete mil pesos que le daba a su hija "rebasaban su obligación alimentaria en términos de la ley", pues en ese entonces, su pensión vitalicia era de 58 mil pesos. Desde luego que Sandra exigió que cumpla con sus obligaciones de padre.

–Mínimo.

–¿Qué crees? En la demanda de divorcio necesario, el mismo José López-Portillo declaró que de su sueldo como pensión de expresidente de la República Mexicana, "se le descuenta aproximadamente, la suma de 30 mil pesos por orden judicial, que se le entrega a la menor Refugio López-Portillo Rosales, como pensión alimenticia".

–Anda, por orden judicial le tuvo que aumentar cuatro veces la pensión. ¿Y qué opinará Sasha si Nabila es dos años mayor que Refugio, o sea, que Jolopo la procreó cuando ya tenía una relación con la actriz?

–Sasha se refirió a esta hija en la entrevista que le concedió a Paty Chapoy. Relató que ya sospechaba que su marido tenía otros hijos, por lo que le pidió que se lo contara, pero él afirmó: "Te protesto bajo palabra de honor, que la única hija registrada fuera de matrimonio es Nabila". Tiempo después, Sasha se entera: "A los ocho meses de nacido mi hijo Alejandro, me fui a comer con mis amigas y cuando regreso a casa como a las siete u ocho de la noche, encuentro a mi marido parado en la puerta, con un periódico en la mano". Extrañada ante esta actitud, le preguntó: "Y ahora, ¿qué hice? Porque una ya está tan acostumbrada a que la acusen de todo, a lo que él respondió: 'Tú no, pero yo sí' y aventó el periódico, al tiempo que me dijo 'todo lo que dicen ahí es mentira, excepto el acta de nacimiento'. Al leer yo esa nota, vi de quién se trataba. Me dolió profundamente la mentira y me dolió que un hombre de su edad, se metiera con una muchacha de 21 o 22 años. Le pregunté entonces por qué la había registrado inmediatamente después de haber nacido, porque en el caso de Nabila, tardó casi diez meses, a lo que contestó 'es que no quise cometer el mismo error dos veces, contigo y con Nabila'. Le contesté que Nabila ni yo somos experimento de nadie. Y en ese momento, confieso públicamente, que le di una cachetada".

–Los engaños siempre duelen. Como también a Jolopo le dolió el engaño de su hijo José Ramón. La historia se repite.

–Te aclaro que Sasha hizo esta declaración a raíz de que su marido demandara el divorcio necesario, bajo el argumento que ella lo agredía verbal y físicamente. Ella, voluntariamente, relató ese hecho en que admitió haberle dado esa cachetada.

–Oye, no conozco mujer alguna que no le duelan, le ardan, las mentiras del amado, y cuantimás las infidelidades.

–Hablando de cachetadas, el cineasta Manuel Ávila Camacho dijo en el programa *Tómbola* que dejaba de ser amigo de Pepe López Portillo por no tener el valor de asumir sus responsabilidades ante Sasha y que él fue testigo de las múltiples atenciones y cuidados que la exactriz tenía durante la convalecencia de don José. Quiso señalar un detalle: "Sólo vi que le diera unas leves cachetadas para que se le desatorara la flema que lo estaba ahogando". Posteriormente, en febrero de este año de 2002, en *Ventaneando* arremetió durísimo contra los López Portillo.

–Ese hombre no tiene pelos en la lengua.

–Eso mismo opinó Paty Chapoy. Manuel afirmó: "Yo no le temo a nada. ¿A qué voy a temer? ¿A que tres mequetrefes me insulten o traten de insultarme cuando ellos tienen que ver su rabo? ¿Y a un pobre hombre que lo traen como un cadáver con signo de pesos? Yo también dije que Carmen Beatriz era lesbiana, daba dolores a José López Portillo, él diciendo 'mi hija, mi hija, estos lados oscuros de mi hija'... Últimamente le vi cometer a don José tres o cuatro indignidades. A mí que me demanden sus hijos, o no me demanden sus hijos, o que quieran sacar provecho o no quieran sacar provecho o debilitar las relaciones de Sasha, no lo van hacer. Me indigna la poca hombría, la poca varonía, la poca paternidad, la poca personalidad de José López Portillo ante su propia familia, la actual. Y no van a lograr estos tres hijitos manipuladores de una herencia de carroña que les pertenece a Sasha, a Nabila y Alejandro. Sus hijos lo están manipulando haciéndole firmar cartas, a decir y a demandar, mientras el hombre tiene ulceradas las piernas hasta la rodilla. Hay peligro de amputación y hay peligro, en cualquier momento, de un desenlace".

–Qué modo tan duro tiene Manuel para defender sus razones, claro, si hasta las demandas le vienen guangas, le importan un bledo.

–Fíjate que semanas después, en ese mismo programa de televisión, don José negó que Manuel fuera su amigo, solamente un conocido que visitaba su casa. Y queriendo limar asperezas en público, dijo que sus hijos mayores "están dispuestos a admitir a los menores con muchísimo gusto y amor, y los hijos menores pues están educados en una especie de odio a ellos que tiene múltiples expresiones".

–¡Quién le puede creer a don José esa supuesta buena voluntad de los hermanos mayores! —abrió los ojos Ada en forma desmesurada, dando brío al cansancio. Enseguida se dio cuenta que las manecillas de su reloj de mano se juntaban para marcar la medianoche. Las horas se me fueron volando y a lo mejor mañana se me duerme el wesclox y no me levanto a tiempo para ir al trabajo.

–Antes de que te vayas, te cuento algo muy significativo de Carmen Beatriz. Ella no sólo estuvo en contra de la unión del papá con Sasha, ¡sino también de la relación anterior de él con Flora! O sea, que no aceptó que mujer alguna conviviera con su papá. Así lo afirmó la hija mayor en dos cartas que conserva Sasha.

La primera, con fecha 22 de enero de 1990, comienza con esta descuidada redacción: *La última carta que te escribo fue en una situación igualmente dolosa para mí y para nosotros fue cuando en periódico optaste, por Flora y en público opté por mi familia, por nuestra familia.* Y explicó también que ella y sus hermanos decidieron no verlo más al haber optado él por su nueva familia con Sasha. El segundo mensaje es corto y rotundo. Lo envió el 5 de octubre de 1991, justo el día de la boda civil de su papá con la exactriz: *Que te casas me dijeron. Y bueno pues aquí te mando mi regalo. Te devuelvo lo que me habías enseñado a respetar y que ahora no estoy dispuesta a compartir por orgullo y por honor. El sábado cuando firmes ten en la conciencia que me apenas. Ten en la conciencia cuando firmes, justo en ese momento, te estarás muriendo. De mi parte recibe la tristeza infinita que llevo en mi alma. Carmen de Tovar.*

No quedaron más palabras entre las amigas para describir el celo que Carmen Beatriz y Paulina han demostrado para rescatar al papá de otras mujeres, con el fin de poseerlo de nuevo.

Un amor de película

El trabajo escenico de Sasha Montenegro fue público y notorio. Aceptó el reto de demostrar talento como actriz y exhibió su belleza en diversos personajes: tanto en películas comerciales de cabaret que le reportaban buenas ganancias como en obras de prestigio internacional.

Una mujer con ambiciones, soltera y libre, que manejaba su propia vida. Y desde luego, sujeta a las críticas y chismes que se entretejen en el mundo del espectáculo. No estuvo ajena a que se le atribuyeran diversos romances como a otras atractivas actrices. Los falsos moralistas pensaban que si era capaz de salir desnuda en pantalla, seguramente sería capaz de cualquier cosa, surgida de sus morbosas imaginaciones. De boca en boca, se le atribuían a Sasha atrevidas historietas. En diversos círculos sociales del país, para muchas personas en pleno siglo XX, las mujeres alcanzan apenas dos categorías: de santas o de putas, de buenas o de malas, aun cuando en esta definición haya mujeres "muy buenas" de cuerpo, pero "malas" de pensamientos. Y deducen, sin piedad ni respeto, que si las mujeres guapas triunfan en el cine o en la política, se debe a que se "acostaron" con el influyente, rico y poderoso fulano o perengano. Nunca por méritos propios de lucha y trabajo. Y desde luego, estos "éticos" y a veces etílicos seres, tienen sus propias aventuras íntimas de engaños e infidelidades. Para lavar sus culpas y frustraciones, atacan el prestigio de las atractivas mujeres que han deseado tener a sus pies.

Ada y Elisa, junto con otras amigas, discurrían acerca de estas mediciones durante un breve descanso del jacarandoso grupo cubano que disfrutaban en un centro nocturno. Les divertía observar que ahí, todo tipo de gente, rica o pobre, vulgar o elegante, compartiera el gusto por la rumba, olvidándose un buen rato de sus problemas y rutinas, para mover la cadera al ritmo musical. Había un ambiente armonioso, sin distingo alguno.

–Me encantaría, chicas —dijo Ada alborotada—, salir en ese escenario con diminuto atuendo bordado de lentejuelas, bailando y cantando a ritmo de son, con una gracia y donaire que dejara lelo a todo el público. Y para no verme tan enana, me colocaría en la cabeza un tocado de esponjadas plumas de avestruz y otros pajarracos, más lucidor que el penacho de Moctezuma.

Enseguida, entre risas, este grupo femenino intercambió sus fantasías de cautivadora sensualidad, brindando con cubas libres. Se divirtieron tanto, que salieron de esa velada hasta que acabó la música en vivo y se despidieron, dispuestas a reunirse más seguido.

Al día siguiente, bendito domingo, Ada se levantó después del mediodía y llamó a Elisa para ver si les alcanzaba el dinero para saborear comida del mar. Se citaron en un nuevo lugar, donde ofrecían un tentador bufet de mariscos y pescados, a módico precio.

Estaban de magnífico humor para tratar el tema de Sasha y su relación con el expresidente.

Se rieron con la frase, una buena puntada, que don José le dijo al reportero Elías Chávez para la revista *Proceso* en 1992, todavía sano y feliz: "Cuando ando solo, a mí me piden autógrafos. Pero cuando voy acompañado de mi mujer, me ignoran y es a ella a quien se los piden. Y es que, como en el póker, belleza mata política".

–¡Cuánto amor derramaba Jolopo en su segundo y tardío aire! —hizo hincapié Ada, la desvelada.

–Imagínatelos navegando por el mar Mediterráneo. Un romance de película. En *Umbrales*, Jolopo se vio a sus 63 años de edad, como "un viejo fuerte y hasta de buen ver". Describe que durante los dos años que pasó en Europa, estaba en Sevilla cuando llamó por teléfono Sasha para indicarle que iba para allá, pidiéndole que fuera al aeropuerto a recibirla. Acudió a esa cita en su auto Alfeta y cortó un ramo de amapolas en el camino, "con el que recibí el don de su espléndida belleza en un camino que se reinició y que, pese a ulteriores desencuentros, a mi situación debidos, nos ha llevado, para mi felicidad a la actual condición de pareja madura". En esa ciudad, recuerda el enamorado, Sasha se conmovió hasta las lágrimas con la afamada procesión de la Pasión de Cristo y deduce: "En Semana Santa, quisiera creer que en Sábado de Gloria, concebimos a nuestra Nabila, sus ojotes y su lindura, ancla de nuestra familia que ahora integra mi Alejandro, concebido a su vez, cuatro años después, a mis 68 años, en una dramática reconciliación en Utah".

–¡Uta! Exclamó Ada, desorientada, su imaginación se recreaba en Europa, cuando pasó de sopetón a Estados Unidos. No has llegado al Mar Mediterráneo, ¿qué pasó ahí?

–La pareja abordó un velero llamado Joy, que Jolopo compró en España por 100 mil dólares y que manejó Oscar Velela, un velerista que el exmandatario se llevó desde Acapulco hasta Europa como ayudante militar. Zarparon de Sevilla, "bajando por el río Guadalquivir hasta el puerto de Santa María para luego cabotear por la costa española hasta puerto Banus, donde Sasha tuvo que regresar, pues ella había interrumpido una gira teatral de la obra mediterránea *Nunca en Domingo*". Don José recordó que cuando se le antojaron unas empanadas de atún, Sasha hizo la masa, sazonó el atún, las horneó y le quedaron deliciosas. Ella entonces le dijo: "Señor, yo soy la mujer que le conviene: no soy fea, soy hacendosa y limpia, sé cocinar, llevar una casa y hacer cosas".

–Así que el amor también le entró por el estómago—dijo Ada, mientras mordía una tostada de jaiba.

–Sí, nada más que el Romeo en ciernes admite que, posteriormente, en Roma hubo "un desencuentro estúpido en mi vida".

–Pero antes de esto, ¿dónde y cuándo se habían conocido?

–Ambos coinciden en que se vieron dos veces. La primera, cuando él era candidato. Sasha lo buscó para pedir la unificación de las casas de cultura a nivel nacional, sugerida por el director de la Casa de la Cultura de Baja California Norte, Jorge Esna. La segunda, a finales del sexenio, en que la actriz acudió a él con el fin de pedirle un favor para un amigo.

Ada, imaginativa, canturrea: *Sevilla tuvo que ser, con su lunita plateada, testigo de nuestro amor, bajo la noche callada...*

–Vamos, cantaora, también te doy la versión de Sasha de ese encuentro que ella le dio a Paty Chapoy: "En las festividades sevillanas, ahí me encuentro al señor porque el pueblo no es muy grande; hubo un coqueteo y se inició un romance con quien yo le decía señor. Regreso a México y sigo la gira de teatro, cuando me doy cuenta que estoy embarazada. Fue un choque muy fuerte para mí. No supe qué hacer. Le hablé y le dije: Mira, siento que tengo que decírtelo pero, esto no es un compromiso para nadie, yo puedo tomar una decisión. Y él me dijo por teléfono: 'Ésta es una decisión de dos, no de uno y si llegas a hacer algo, no te lo voy a perdonar mientras viva. Ya deja toda esa porquería y vente para acá'. Yo no puedo dejar la obra, le repliqué, llevaba a 52 personas conmigo. Dos meses después, terminé la gira y me fui a Roma. Lo encontré extraño, sarcástico. No entendía qué pasaba, además de que la hormona no me estaba haciendo ningún favor. En un momento tuvimos una discusión. Le dije que yo no había ido a turistear y que, al fin y al cabo, podía responder de mis propios actos. Me regresé a México con cuatro meses de embarazo". Ella se refugió en una casa que posee, hasta la fecha, en Temixco, Morelos. Para que no la invadiera la tristeza, se puso a pintar, a hacer conservas en la cocina y arreglar su casa, hasta que dio a luz a Nabila el 14 de enero de 1985.

–¿Y hasta cuándo se apareció Jolopo?

–Volvió a México casi un año después y le dijo a Sasha que quería registrar a la niña, a lo que ella respondió: "Mira, conmigo no tienes ninguna obligación. Realmente no hemos convivido, pero sí me gustaría saber por qué razón me diste ese trato cuando llegué a Italia, si fui porque tú me lo pediste. Contestó que antes de que yo llegara, Margarita le había dicho que iba embarazada de otro. Entonces yo le pregunté: ¿Por qué no me lo preguntaste a mí? Creo que somos personas adultas, tú sufres el desprestigio y no me diste ni siquiera la oportunidad de la defensa. Yo no tengo por qué engañar a ningún señor con un hijo ajeno porque, a final de cuentas, yo ganaba lo que se me pegaba la gana, económicamente era autosuficiente, tenía una carrera exitosa. No estaba en la necesidad económica para tratar de ir a sacarle a quién qué. Hubo un intento de convivencia y cuando fui a su casa me enteré que él andaba con alguien. De plano le dije: Yo no tengo que estar donde no soy amada. Más adelante, me llamó con el fin de que pensáramos qué hacer con la niña, porque él estaba viviendo con una señora. Le contesté que la decisión de que la niña fuera a visitarlo una vez a la semana fue de él, pero como yo no estoy muy segura de la calidad moral de esa señora, preferiría no mandarla, porque quiero recordarte una cosa muy importante: Nadie te va a perdonar que tengas una hija con Sasha Montenegro".

–¡Qué cierto lo que le dijo Sasha! Muy franca, sincera, lo que comentamos de las etiquetas de la ética. ¿Cómo reaccionó Jolopo ante semejante afirmación?

–Explica que él se enojó y colgó el teléfono. Pero sus amigas empezaron a insistir en que Nabila debería tratar a su papá, por lo que accedió a seguirla enviando con una nana hasta, que un día, Flora echó de la casa a la niña a gritos, en una deplorable escena. Nueve meses después, don José llamó a la actriz para pedirle que reanudaran la relación amistosa, en bien de la niña. Ella aceptó y Sasha fue invitada a una cena en casa del expresidente en 1988. Ahí platicaron mucho: "En el entendido que el señor me fascinaba, que él estaba en una situación difícil y al fin me quedé con él, cuando Nabila tenía tres años y medio de edad".

–Por cierto, tanto Paty Chapoy como la actriz aseguran que Nabila se parece en las facciones a su papá, Eli. Y luego nace Alejandro, cuestión que entonces los une más, ¿verdad?

–Sasha se puso feliz porque, al fin, logró integrar la familia que tanto deseaba. Meses después del nacimiento de Alejandro, su marido le indicó que Margarita le había aconsejado que se casaran, por lo que iba a acelerar los trámites del divorcio de Carmen. Sasha le respondió: "¿Te quieres casar conmigo porque tu hermana lo dice? Por mí no hay ningún problema, soy una mujer adulta, una firma no le da ninguna seguridad a una mujer, la seguridad la da el hombre cuando la quiere dar y cuando no quiere, por mucha firma que haya, no sirve para nada. Pero él insistió argumentando que los niños viven en una sociedad, de modo que era importante casarse. Al iniciar los trámites de divorcio, los hijos mayores tuvieron un rompimiento total y absoluto con él."

–Y a partir de ahí, la romántica película se convirtió en un dramón estilo María Candelaria, en que el pedrerío le cayó tupido a Sasha. Nada más que la actriz sí respondió a los golpes, no se quedó quietecita, como aquella inocente indita de Xochimilco. Agrega la sorpresota de la sexta hija de Jolopo que, intempestivamente, aparece en escena —señala Ada, haciendo recuentos.

–Al enterarse de esta hija, Sasha se separó de él una semana, pero su querido compadre Roberto Lamadrid intervino para convencerla de seguir adelante. Ella no quería pasar por los problemas que tuvo de niña, una vida difícil en su formación.

Ada se entusiasmó por saber cuál es el origen de esta mujer cuyo nombre, fuera de los escenarios, es Alejandra Acimovic Popovic. Sasha es el diminutivo de Alejandra y Montenegro es el lugar de nacimiento de su mamá.

–Me contó ser hija única de Zivojin Acimovic y Silvia Popovic: "Cuando la segunda guerra mundial llegó a Yugoslavia en 1942, mataron a los dos hermanos mayores de mi madre, quedando dos hermanas adolescentes, otro hermano y mi mamá, que es la menor de seis hermanos. Por otro lado, mi padre estuvo en el servicio de Inteligencia de la RAF inglesa, donde estudió ingeniería vial. Después de la guerra terminó sus estudios en Alemania; entonces su familia ya se había deshecho. Mis padres se conocieron en Bari, Italia, donde nací yo. Nos mudamos a Argentina debido a que mi padre obtuvo un contrato en Vialidad Nacional, que allá es el equivalente al de Caminos y Puentes Federales. Mi madre, muy joven y bella, tenía entonces 17 años y yo, un año de edad. Debido a que mi padre tenía un carácter difícil y era muy celoso, el matrimonio acabó".

–¿Con cuál de ellos se quedó Sasha?

–Con su madre, pero después de un calvario: a los tres años, la pequeña Sasha era robada por su padre y luego la mamá se la arrebataba; él acudía a la policía para lograr que la arrestaran dos o tres días y se la volvía a llevar con él. Esta lucha marcó su vida y por eso siempre deseó formar un hogar estable.

–¿Qué pasó cuando los forcejeos se calmaron?

–Su mamá se volvió a casar: "Tengo dos hermanos por parte de ella. Inclusive, yo los crié, ya que mi hermana nació cuando yo tenía 14 años de edad y había cumplido los 17 años cuando nació mi hermano. A mi padre no lo volví a ver hasta que era adolescente; él también había contraído segundas nupcias, procreó tres hijos más, pero por desgracia, el único varón murió en un accidente a los 14 años de edad. Toda mi familia tiene su vida hecha en Argentina.

–¿Por qué Sasha dejó ese país del tango y la milonga?

–Me explicó que en la década de los 70 ese país tuvo graves problemas de dictadura militar: "Yo estudiaba periodismo. Iba en el tercer semestre cuando padecí la persecución política a los estudiantes. Hubo cosas terroríficas que se descubrieron años después, cuando las madres protestaron en la Plaza 5 de Mayo y se empezó a 'entender' qué pasó con los estudiantes desaparecidos. Nosotros padecimos los toques de queda: a las 10 de la noche no podían caminar más que dos personas juntas en la calle. Y aún así, de los camiones militares se bajaban soldados y lo tiraban a uno al suelo para pedirle el número de cédula de identidad que tenían que saber de memoria; hasta la fecha no he olvidado el mío, era el 4,025,371. Los soldados se comunicaban inmediatamente a la Policía Federal Argentina y, con el número de identidad, sacaban el expediente. Por cualquier delito menor que alguien hubiese cometido en el pasado se lo llevaban y lo apresaban. Debido a esta situación, mi madre pensó que sería mejor que yo me fuera con unos tíos que vivían en Nueva York, quienes no habían querido tener hijos debido a las vivencias de la guerra en Europa. Así, salí de Argentina con la idea de hospedarme en México por una semana con un matrimonio argentino que había emigrado: llegué aquí el 2 de abril de 1971. Al día siguiente de mi arribo, esta pareja me llevó a una comida en los Estudios Churubusco, debido a que tenían buenas relaciones con artistas y productores. Inmediatamente recibí una petición para actuar en un coestelar con Verónica Castro y José José en la película *Sueño de amor*. Como necesitaba dinero, acepté el contrato y pensé en irme después, sin saber siquiera si mi actuación iba a ser un fracaso. Recuerdo que me pagaron 27,500 pesos en 1971, que eran muy buenos. Mas al terminar esa cinta, me llamaron para apoyar a Raúl Velasco y Anel a conducir el concurso de Miss México en ese año. Y justo al día siguiente, me ofrecieron el estelar femenino de la película *Hijazo de mi vidaza* con los Polivoces, con el mismo sueldo, por lo que acepté encantada. Y poco después, ahí mismo, en los Estudios Churubusco, los hermanos de Anda me contrataron para la película *Duelo al atardecer*, junto con Susana Dosamantes, respetando el mismo salario. Yo seguía juntando dinero para irme a Nueva York y así me seguí años, hasta que decidí radicar en México, país que me ha brindado una gran hospitalidad, el cariño de muchísima gente y valiosas amistades".

Ada le dijo a su amiga que en esa época corrió el chisme de que Sasha se había casado con un médico...

–Le pregunté al respecto y contestó: "No, yo no me casé con él. No sé de dónde sacaron ese cuento los periodistas: pueden buscar alguna acta de matrimonio o divorcio en todos los registros del país. Fui soltera hasta el 5 de agosto de 1991 en que me casé civilmente con mi marido.

–Antes de conocer y enamorarse de Jolopo, ¿de quién más se habrá enamorado?

–Relató: "Estuve a punto de casarme en Argentina, a los 18

años de edad, con un hombre de 27, pero un instante antes de la boda rompí mi compromiso porque me di cuenta que no tenía edad para decidir que él era el amor de mi vida. Creo que también influyó mucho en ese momento la situación política por la que atravesábamos. Y ahí quedó todo".

–Con tantos admiradores, ¿por qué habrá querido permanecer soltera una mujer tan guapa y atractiva?

–En la vida de Sasha predominaba el trabajo: "Desde luego que me pude haber casado antes, pero yo necesitaba trabajar porque, además, mantenía a mi madre y hermanos a raíz de la crisis económica en Argentina. Entre 1978 y 1983 actué en cerca de 1,300 palenques. Aparte, tengo cuatro obras de teatro como empresaria. La primera fue en 1974, *Educando a un idiota*, comedia del escritor español Alfonso del Paso, en la que actué con Enrique Álvarez Félix, Narciso Busquets y Freddy Hernández el Pichi. Fue un éxito en provincia; gané mucho dinero y no me animé a montarla en el Distrito Federal pensando que era un vodevil, pero luego me arrepentí. La última obra que produje fue *Nunca en domingo* en Televiteatro 2, además de los shows y tantas películas que ni llevé la cuenta. El periodista Guillermo Calderón dijo que eran 130, creo que exageró, pero sí creo haber actuado en unas 70 a 80 películas. Participé poco en televisión porque me pagaban mejor en otros trabajos, en realidad, yo era un producto de cine.

–¿Extrañaría su época de artista?

–La exactriz me dijo que no: "Fueron suficientes los 17 años que me dediqué a ello. Inclusive, Elisa Salinas, la productora de TV Azteca, me ofreció, hace tiempo, un estelar en la telenovela *La Chacala*, pero lo rehusé por estar dedicada a mi familia".

–Eso fue cuando Jolopo vivía con ella, pero ahora, que está pasando por una situación económica difícil, quizá vuelva a los escenarios...

–Recientemente, Sasha declaró que contemplaba la posibilidad de volver a trabajar.

–Realmente dejó joven su carrera: a los 35 años de edad, según mis cálculos, más o menos —hizo cuentas Ada. —De modo que es 33 años menor que Jolopo. Y si no, que me reprueben en matemáticas. Bueno, el caso es que aún estaba muy activa cuando se embarazó. Y su ansiada estabilidad hogareña le duró poquísimo, porque al cabo de convivir siete años, en el 95, con la serie de demandas y los graves problemas de salud de Jolopo, la vida ya no era vida...

–Sin embargo, don José salvaguardaba su nueva familia en ese año del 95. Inclusive, mostró al reportero Fidel Samaniego de *El Universal* un segundo retrato al óleo que pintó de su mujer. El rostro de Sasha emerge del agua, sobre un fondo azul: "A ella le digo que es mi agua de luna. Ella en esta nueva vida, ya lejos de aquellos años, de aquella amargura, de esa soledad". Y dos años después, en *Umbrales*, le dice a don Q, su otro yo: "Sasha me enseñó a respirar de nuevo y ha defendido con furia mi vida, hasta adueñarse de mí por buena e inteligente". Aseguró haber encontrado "a la mujer más completa y satisfactoria, que me ha causado una verdadera compulsión de fidelidad y que ahora engalana mi vida y con ella mi agradecimiento por haber alcanzado la plenitud y el arrobamiento".

–Nada más que para acabarla de amolar, este hombre enfermo y vapuleado cayó otra vez al borde de la muerte —agrega Ada a esta encrucijada.

–Ay sí, qué pesadilla. Esto ocurrió el 30 de abril de 2001. Yo fui a visitar a Sasha al hospital Ángeles. Me contó que su marido rehusaba ser atendido en un hospital, prefería quedarse en casa y atenerse a las consecuencias. Ella tuvo que pedir ayuda a la escolta para lograr meterlo a su camioneta Suburban azul y trasladarlo de emergencia al hospital. El médico de cabecera desde hace 16 años, Guillermo Hamdam de la Flor, explicó que padecía una arteriosclerosis que había bloqueado las arterias entre un 80 y 90 por ciento, por lo que urgía una intervención quirúrgica llamada revascularización coronaria.

–Recuerdo que desde el hospital, Sasha declaró a la prensa que personas muy allegadas a él le habían provocado ese estado de gravedad debido a que querían destruirla a ella, a sus hijos y a su hogar, cuando lo que su marido necesitaba, era tranquilidad. Todo lo que ya describimos. Muy angustiada, dijo que sólo un milagro lo salvaría.

–A pesar de su estado tan crítico tenía sus signos vitales estables, e inclusive le dijo al abogado Juan Velázquez: "Ésta es una pelea y como en otras ocasiones, tengo que ganarla". Aunque el paciente quería ser operado en México, un equipo de médicos decidió que fuera trasladado a Houston. El presidente Vicente Fox le facilitó el avión presidencial. En el Hospital Saint Luke's, en una operación a corazón abierto, le colocaron al paciente dos by-passes y un marcapasos definitivo. A la cabeza del equipo que le salvó la vida estaba el médico mexicano Roberto Cervera y el norteamericano Igor Gregoric, bajo la supervisión de Hamdam, quien indicó que además es diabético y con algunos problemas obstructivos en la circulación cerebral. El 7 de mayo, en una conferencia de prensa, Cervera declaró que el expresidente tenía un corazón de león, recuperándose a toda velocidad, sólo una tos intrusa lo molestaba. Junto al cirujano, el expresidente, con una bata blanca de baño y en silla de ruedas, se veía tranquilo, feliz: "Le debo dos veces ya la vida a Sasha, porque esta decisión no la hubiera yo tomado sin su férrea voluntad, sin su determinación y sin que me haya alentado como siempre lo ha hecho". Entusiasmado, anunció que estaba escribiendo el último capítulo de su libro *Ochenta*, que iba a cerrar con este episodio, pero lo más importante por ahora era "seguir viviendo, que ya es bastante". Todo esto lo publicó el diario *Reforma*.

El exmandatario regresó al país el 23 de mayo e invitó a los periodistas a su biblioteca para enaltecer la figura de su esposa, dar las gracias a Fox por su oportuna intervención y al equipo de médicos que lo salvaron.

–Precisamente ahí se supo que andaban necesitados de lana —dijo Ada—, ya que nos enteramos que habían puesto en venta la Colina del Perro en Cuajimalpa. Leí en el periódico que Sasha declaró: "La casa es muy grande para nosotros y necesitamos dinero".

En la revista *Premium Great Estates* la mansión se ofrecía en siete millones de dólares: seis mil metros cuadrados de terreno y tres mil de construcción. Alberca techada y gimnasio, biblioteca de cinco niveles recubiertos de madera, salón de juegos, amplia cocina, recámara principal de dos niveles con respectivos baños y vestidores, además de otras tres recámaras. Fastuosa sala y comedor en finos acabados con techos de doble altura y bóvedas. Planta de luz propia, sistema purificador de agua, estacionamiento para ocho autos. Además de las escaleras para recorrer los cinco niveles de la residencia, cuenta con un elevador y un conmutador telefónico con 24 líneas funcionando.

–Este caserón no se pudo vender ni yendo a bailar a Chalma, ¿verdad? —interrogó la chaparrita.

–Todavía no, quién sabe si en un futuro. La oferta de venta está pendiente a raíz del litigio de divorcio necesario que lleva Jolopo en contra de Sasha, en el que pidió la revocación de la donación de esta casa que le había dado a su esposa.

–Yo primero quiero saber cuál fue el detonador de la bomba que ocasionó el truene de la pareja. ¿Cuándo fue?

–La misma Sasha confirmó que la separación ocurrió el 20 de junio de 2001. Los problemas que antecedieron a este rompimiento empezaron unas semanas antes, cuando ella decidió viajar a Estados Unidos para tratarse la pérdida de los cartílagos de la parte izquierda de la cadera, además de tener lesionadas la tercera, cuarta y quinta vértebras lumbares de la columna. Todo ello debido a que cargaba a su marido para acomodarlo o asistirlo. El enfermero de su marido se iba a las seis y media de la tarde y ella se encargaba de él. Por las noches, si se sentía mal, tenía diarrea o necesidad de orinar, lo ayudaba y a veces hasta dormía en el suelo para no molestarlo. Esta pesada rutina la tuvo durante seis años y medio.

–¡Imagínate! Antes no salió huyendo con todo e hijos, harta, hasta el copete, de tantos problemas y cargas.

–Sí, qué friega. Te sigo contando. Sasha estaba hospedada en San Diego, donde vive una íntima amiga suya. Le llamó a Nabila para ver cómo estaban y la hija le dijo llorando: "Mamá, mi papá se fue a la graduación de Paulinita (hija de Paulina y Pascual) al colegio Tomás Moro". Nabila se había enterado de esto mediante unas amigas y estaba muy sentida porque ya había leído el libro *El Horror* con la bola de insultos a su mamá y sabía de los líos de demandas.

–Entonces le dio miedo a Nabila que tramaran algo a espaldas de su mamá.

–Claro, si su marido había cortado por completo la relación con sus hijos mayores. La exactriz siguió relatando que optó por comunicarse más tarde con el esposo para preguntarle lo que pasaba, a lo que contestó: "Sasha, confía en mí, te lo suplico, es que yo estoy tratando de arreglar lo de los juicios". Ella suplicó: "Pepe, no vas a arreglar nada, lo único que vas a conseguir es un problema más grande, por favor". En eso estaban cuando él le señaló: "Ah, me dijeron que tú eras muy rica por ser dueña de unos antros en Tijuana". Extrañada, le replicó: "Estoy harta de los chismes de vecindad barata", y en cuanto colgó el teléfono, comentó a su amiga lo cansada que estaba de lidiar con problemas. Entonces le pidió a su amiga que la acompañara a Las Vegas, al hotel Venetian, que tiene uno de los mejores Spa del mundo: "Y ahí nos quedamos cinco días, disfrutando masajes y terapias, encantada de la vida porque me urgía relajarme. Yo llevaba mucho tiempo de estar encerrada". No quiso hablar con su marido en los días subsiguientes, sólo con sus hijos. Bajo la recomendación de un médico de La Jolla, Sasha viajó a una de las clínicas de fisioterapia más famosas del mundo, en Scottsdale, cerca de Phoenix, Arizona: "Ahí quería ver cómo podría retardar el mayor tiempo posible la cirugía de trasplante en mi cadera, ya que está en investigación un nuevo gel para suplir el cartílago en codos, rodillas y caderas, con mucho éxito. Inclusive me prohibieron todo el ejercicio que solía hacer de pesas y caminatas, para recomendarme, en cambio, la natación. Desde luego, esto no va a curar la cadera, pero me va a fortalecer los músculos de la espalda y el abdomen que beneficiará mi columna y a su vez, la cadera. Así, dentro de año y medio en que salga el gel, sólo me opero para colocar el cartílago y evito una cirugía brutal para cortar cabeza del fémur, agujerear el hueso y colocar una prótesis".

–Ojalá funcione ese gel, porque si en un futuro tú o yo andamos rengas, lo usamos. ¿Y con qué se topó Sasha a su regreso?

–Describió: "Volví el 19 de junio, la noche anterior a la cita en el hospital Ángeles para internar a mi marido. Ahí me reclamó haberle dicho a Paty Chapoy que yo me iba a divorciar. Le dije enseguida a Pepe que tal cosa era mentira, que jamás había dicho eso. ¿Viste el programa? Pregunté. 'No, pero eso me dijeron', contestó. Así que todo te lo crees, dije, pero yo no estaba ahí para pelear con él. '¡Es que me van a amputar las piernas!' Exclamó de pronto, invadido por el miedo. ¡Para nada! Dije de volada, lo que te van a hacer es muy sencillo, te van a colocar un by-pass en la arteria femoral porque ya no tienes circulación en la pierna izquierda y, de no hacerlo, afrontarás un problema muy serio de circulación. Al día siguiente, llegarían los doctores de Houston que lo operaron del corazón. Traté de calmarlo".

–Supe que, de pronto, aparecieron los hijos ¿verdad?

–Escucha esta bochornosa escena: "De repente, entró al cuarto la familia de mi marido. Carmen Beatriz, Paulina, Margarita y su hija Pilar Galindo de Cordero, junto con dos guaruras, uno de ellos empujaba la silla de ruedas de Margarita. Las hijas se pusieron al lado de mi esposo, mientras él las acariciaba y les decía 'chatitas, chatitas'. Por el otro lado, Margarita me lanzó el primer insulto: 'Prostituta, estás vieja, vieja y fea; tú no sabes lo que soy capaz de hacer". Yo, que estaba pegada a la cama de Pepe, me volteé para decirle entre dientes y con la rabia contenida: "Cállese vieja ratera". Entonces Margarita accionó su silla de ruedas que me pegó en la pierna, mientras su hija Pilar, que traía una enorme bolsa de plástico negro, creo que rellena de piedras por lo dura que estaba, empezó a pegarme con la bolsa, al tiempo que me gritaba: '¡Eres una ratera, nos has robado todo!' Yo volteé hacia mi marido, quien junto a sus hijas, se quedó callado. Me di cuenta que yo no tenía nada qué hacer ahí, de modo que empujé a Pilar para tratar de salir y evitar más insultos y golpes. Todavía uno de los guaruras me empujó por la espalda y me agarró tan fuerte del brazo para apurar mi salida, que hasta me salió un moretón. Casi en estado de shock bajé al registro de pacientes para que me hicieran una carta en la que yo me deslindaba de la responsabilidad del paciente. Estaba tan nerviosa que la firmé con un tembloroso garabato. Llamé enseguida al doctor Hamdam, quien estaba en el quirófano, pero accedió a contestar mi llamada urgente. Le expliqué todo, jadeando, con la respiración entrecortada. Y luego, regresé a casa incrédula, ante semejante situación".

–¿Y qué le hicieron por fin a Jolopo en esa ocasión?

–La exactriz se enteró después que la familia llevó doce médicos a Pepe: "Invitaron a Hamdam a colaborar con esos doctores, pero él se disculpó diciendo que tenía su propio equipo de especialistas. Lo dejaron con tan buen equipo que no le hicieron nada, lo dieron de alta y se lo llevaron a casa de Margarita. Yo tuve que pagar con mi tarjeta de crédito, el viaje y hotel de los dos médicos que llegaron desde Houston, en balde.

–Cuando ves a Jolopo en la tele, tan deteriorado, con la pierna izquierda hinchadísima, vendada, hablando de sus pesares, te da pena ajena.

–Ahí compruebas que debieron haberle practicado la artereografía, como lo recomendó el doctor Hamdam. Por ello, Sasha subraya: "Ahora el señor está confinado a una silla de ruedas y el estar constantemente sentado le puede ocasionar problemas pulmonares. Le están haciendo trasplantes de piel a cada rato, que no le prenden por la falta de circulación. Al señor lo llevan a las cámaras hiperbáricas del Hospital Ángeles y no le sirve de nada. A Pepe le van a tener que amputar la pierna. Si la posibilidad de vida calculada en Houston era de seis a siete años, porque él es un hombre fuerte, ahora están reducidas a muy poco tiempo".

–¿Y cómo la ha pasado esta mujer abandonada por el marido que se está consumiendo?

–Volví a llamarla unos días antes de la Navidad de 2001 y la oí muy mal, verdaderamente desesperada.

–No es para menos: Toda su tenaz lucha por unir una familia se fue al caño.

–Me impresionó su desesperanza, desazón y coraje, sentimientos que le hicieron soltar lágrimas que luego contuvo para decirme: "Le di un corazón nuevo a mi marido para que se lo llevara a otro lado. José no se ha comportado a la altura de un presidente. Me siento traicionada. A todo le ha sacado. Según él, no hizo nada. 'Yo era presidente, no policía', dijo con respecto a la llamada guerra sucia, 'no sé nada del narco, yo no sé nada de los barcos de Pemex'... ¿Entonces se la pasaba haciendo deportes y acostándose con mujeres? Y tampoco tuvo valor para defender a Nabila, Alejandro y a mí, nos abandonó sin ningún miramiento".

–Sí que estaba dolida este pasado fin de año.

–Ella me dijo: "¿Sabes cuánto dinero tengo para pasar la Navidad? Cuarenta mil pesos sin pagar sueldos de los empleados. Tuve que correr a todos los militares porque no les podía pagar. Me quedé con cuatro gentes de seguridad para mis hijos y todos los empleados dentro la casa, no los puedo correr porque el que menos tiempo tiene trabajando aquí, son diez años". Y en este punto se contuvo para detener, otra vez, el llanto. No daba crédito a semejante pesadilla.

–¿Qué no tenía ahorros?

–Tuve una reciente conversación con ella el 13 de abril de este año. La oí mucho más optimista por lo que le pregunté cómo había solventado su problema en diciembre. Me dijo: "Empeñé mis alhajitas en el Monte de Piedad para pagar aguinaldos y gastos de esa Navidad. Luego me prestaron 500 mil pesos para sacarlas del empeño y poderlas vender en 900 mil pesos".

–Tenía un buen colchón con sus joyitas. Bu-bu-bu, yo poseo puritita bisutería barata. Oye, pero también le ha de haber mandado algo de lana su marido, siquiera para los hijos.

–¿Qué crees? Agárrate porque no vas a dar crédito. Don José ha declarado que, de su pensión de expresidente de la República Mexicana —cerca de 116 mil pesos— ha entregado a Sasha 60 mil pesos mensuales para la manutención de Nabila y Alejandro. En su demanda de divorcio necesario él mismo dijo que, el 21 de noviembre de 2001, depositó un cheque con esa cantidad en la cuenta de Sasha, y ¡no tenía fondos! Un cheque sin fondos procedente de un señor expresidente. Don José presentó al Juez Séptimo de lo Familiar un mensaje que Sasha le envió entonces de su puño y letra: *Que los niños contarán siempre con su padre que es una vergüenza que el cheque que depositó rebotó, esa es una prueba más de que nunca le hemos importado ninguno de los tres, que nació, vivió y se morirá como un cobarde.* El marido aseguró que luego le hizo un depósito en efectivo.

–Sasha ha declarado que los gastos que se generan en esa mansión, junto con los de ella y sus hijos, son, nadita menos que de 360 mil pesos mensuales. Como diría el norteño: ¡Pasu mecha!

–El marido debe saber la cantidad, si mantuvo a la familia durante 11 años. Y Sasha aclaró en la contestación a la demanda de divorcio que presentó el 18 de enero de 2002, que dicha mensualidad de 60 mil pesos la recibió a lo sumo en tres ocasiones. Además, Nabila y Alejandro han crecido como hijos de un presidente de la República, de modo que difícilmente podrán subsistir con esa cantidad, sin gastos para la manutención del hogar.

–¿Se acabará esa pensión cuando él se muera?

–Por supuesto.

–Ella ha de haber pensado que ese estatus le duraría *per secula seculorum, amén.* Oye, manita, yo vi en la tele una entrevista que le hicieron al preciso en el programa *Séptimo Día* del canal 40 (Denise Maerker y Ciro Gómez Leyva, en enero de 2002). Ahí Jolopo declaró que, en efecto, como Sasha misma lo dijo, hace algunos años él le dio un millón 700 mil dólares y no nomás eso, que le ha dado mucho más de esas cantidades después de dejar la presidencia. ¿De dónde saldría ese titipuchal de dinero y a dónde fue a parar?

–Sasha dio los detalles: "Vivimos durante dos años con ese dinero, producto de un negocio legal que mi marido efectuó con José Bolaños, y del cual le dio un porcentaje a Jorge Díaz Serrano. Los gastos de la casa eran entonces de entre 60 y 70 mil dólares mensuales. Había que pagar sobresueldos a 17 oficiales y 28 escoltas del Estado Mayor Presidencial, más dos enfermeros, un jardinero y todos los empleados de la casa. Tan sólo en medicinas de mi marido se gastaban 15 mil dólares al mes. Como la terapia no la cubre el seguro médico, se pagaban dos terapistas. Hay que sumar los gastos de Houston y la hospitalización de Pepe que ascendió a 80 mil dólares. Además, cuando Nabila cumplió 16 años, nos fuimos de paseo a París y Egipto, junto con Alejandro. En mi casa solían comer unos 20 invitados. De hecho, tuve que correr a una docena de parientes de mi marido, como al alcohólico de Manuel López Portillo y otros 'amigos' que llegaban a sacarle constantemente dinero a Pepe. También yo le escogí a Pepe ropa de firma en Sax Fifth Avenue y hasta la fecha les debo 6 mil dólares. Tengo pendiente el pago de ocho meses de predial y agua. Por fortuna, Televisa está rentando parte de mi casa para una telenovela en cien mil pesos mensuales, un pequeño alivio temporal. En fin, para acabar con estas cuentas, el dinero se fue básicamente en hospitales y personal; una nómina muy alta de gastos".

–Jolopo estuvo tan bien atendido en hospitales, que sigue vivo. Pero también se consentían mucho. Ojalá Sasha ya no gaste tanto dinero en los Yunaited y mejor lo invierta aquí. Y para echar más leña al fuego, Jolopo señaló otra cosa que envenenó el matrimonio: ella se empeñaba en encontrar que tenía un guardado de recursos oculto en algún lado, por lo que aumentaron los pleitos entre ellos.

–Sasha sigue creyendo que oculta dinero. Para dar un ejemplo, me dijo: "Nos trasladamos una temporada a una casa en la calle de Manzanos, en Bosques de Las Lomas, que el Estado Mayor Presidencial le obsequió a mi marido cuando Alejandrito apenas tenía dos meses de nacido. Esta casa se la compraron al cómico Cepillín. Mi marido me indicó que teníamos que vivir ahí debido a que, como estaba casado en bienes mancomunados con Carmen, debía vender la mansión de Cuajimalpa. Ese nuevo hogar estaba prácticamente en obra negra, de modo que tuve que arreglarlo. Invertí 300 mil pesos míos, de aquella época, para decorarlo dignamente. De repente, Pepe me indicó que regresaríamos a La colina del perro y me entero que era mentira lo de Carmen, ya que en el acta de divorcio se especificaba la disolución de la sociedad conyugal. Lo que pasó fue que mi marido extrañaba mucho su biblioteca. En estas prisas, remató la de Bosques en un millón 800 mil dólares cuando valía el doble. Tuve que encargarme de ampliar *La Colina* y volver a decorarla. Inclusive, cuando José Ramón puso una pared para cerrar el gimnasio que se conectaba a su propiedad y donde mi esposo realizaba su terapia, inmediatamente le acondicioné otro. Yo no tengo clara esa serie de manejos de su fortuna, por lo que sigo pensando que me oculta algo".

–También me llama la atención que el preciso la acusa de mostrar deslealtad al violar sus archivos, por lo que no puede vivir con alguien que trata de desprestigiarlo a él y su familia. ¿A qué archivos se referirá?

–Sasha le dio a *Milenio* (14 de enero 2002) documentos que indican que, a través de una agencia, en 1991 se vendieron a Irán 14 mil toneladas métricas de azúcar brasileña, negocio en el que estuvieron involucrados exgobernador de Veracruz, Agustín Acosta Lagunes y Jolopo.

–Reina la desconfianza entre ambos. Jolopo confesó que por conservar a su mujer cometió errores que lo llevaron a demandar a los hijos mayores, pero despertó y se dio cuenta que ese amor de viejo fue confundido con sumisión. Así, "se le empezó a faltar al respeto y, sin respeto, no se puede vivir".

–También hay toda una serie de decepciones. Sasha opina, en cambio, que él fue quien demandó tal sometimiento: "Mi marido confundió amor con sumisión. Él no se casó conmigo porque yo era abogada, administradora, doctora, enfermera y guarura, sin embargo, todos esos papeles los he tenido que ejercer yo. Ni siquiera me los ha reconocido. Recuerdo que un día en que estaba deprimida a causa de una infección en las vías urinarias y deseando que me consintiera, le dije: Oye Pepe, no has tenido una atención conmigo, yo que me desvivo por cuidarte. Me contestó: 'Ay Chata, ¿para qué? si tú eres plato servido'. Preferí reírme para no deprimirme más".

–Eli, esta pareja está empeñada en defender en vivo y a todo color, por México y el extranjero, sus razones para salir airosos. Yo me pregunto, ¿Sasha no se habrá imaginado algo, algodón, de lo que le vendría al casarse con Jolopo?

–Todos nos preguntamos lo mismo y la respuesta de ella es: "Deseaba proteger a mi hija Nabila, de tener un hogar, sin imaginarme todo lo que vendría, toda una vergüenza. No deseaba quedarme sola con una hija, siendo actriz, el día de mañana quién sabe qué me iban a querer hacer toda esa bola de retrógrados. Yo nunca he dado un mal ejemplo, ni en mi carrera, que me busquen y me esculquen en la prensa para ver cuándo he tenido un escándalo. Empecé a vivirlos cuando José empezó a empujarme a las broncas".

–Veo, deduzco que las broncas se deben al subterráneo manejo que ha hecho Jolopo de su fortuna. Y en cuanto a esos retrógrados, ya ves, lo que habíamos comentado de morales, moralinas y moralejas. Oye, ¿no se te hace raro que el abogado de Sasha sea nada menos que el primo hermano de Jolopo?

–El doctor en leyes Guillermo López Portillo y Vernon. Él mismo me dijo que su primo Pepe estuvo de acuerdo en que defendiera a Sasha con respecto al juicio del rancho en Avándaro, las tres demandas en contra de Isabel Arvide y la demanda que levantó en su contra Pascual Ortiz Rubio Downey, esposo de Paulina, por el letrero de advertencia que Sasha puso en su puerta.

–Pero en esos litigios seguían muy amartelados Jolopo y Sasha. ¿Por qué sigue siendo su abogado defensor en el juicio de divorcio necesario y la revocación de la donación de la casa de Cuajimalpa?

–Don Guillermo me dijo que está convencido de que el matrimonio no se instituyó con el fin de disolverse. Y al encontrar débiles las causales de divorcio presentadas por su primo Pepe, cree que él debe regresar al hogar conyugal. Dijo también: "Sasha está sola, no tiene para pagar un abogado ante los gastos tan altos que confronta. En cambio, mi primo Pepe ha contratado a los licenciados Ligia Noemí Cuevas Gurrutia, Rodolfo Cepeda Lópezhermosa, Erick Escartín Cuevas, Diego Alfonso Zavala Alcocer, Raúl Velasco Cuevas y otros que suman diez. Sasha es la que ahora necesita más mi ayuda".

–Ella declaró en la revista española *¡Hola!* (11 de abril de 2002) que no le va a dar el divorcio a su marido porque no se casó para divorciarse. Por cierto, apareció en portada y se ve muy guapa, magníficas fotos. Le han de haber dado cosquillas a Jolopo y retortijones a Margarita, que la ve vieja y fea —supuso Ada.

–Debe ser durísimo para don José, con esa debilidad por

las mujeres hermosas, de ver y no tener, inmovilizado en una silla de ruedas.

–Yo me pregunto porqué ella quiere seguir atada a ese señor presidente, aunque se trate del papá de sus hijos, si le ha causado tantos problemas. Pienso que ambos libran una guerra de obsesiones.

–Sasha se encuentra atada de manos con cuatro demandas en su contra. Está sentada en una mansión que de venderla, le resolvería sus problemas económicos. Don José le dio a su esposa La Colina del Perro en 1995 para que sirviera de patrimonio a los hijos de ambos, dadas las limitaciones de su enfermedad y vejez. Pero en la demanda de divorcio solicita la revocación de esa casa con el fin de hacer un fideicomiso a favor de Nabila y Alejando con el producto de su renta o venta. Supone que, como Sasha se conserva muy hermosa, podría volver a casarse, por lo que no soporta la idea de que un intruso en esa casa se beneficie de ella, eliminando alguna porción a los hijos. Además, se empeña en probar que no ha sido buena administradora con todo el dinero que le ha dado, según dijo en el Canal 40.

–Celoso el hombre, celoso el macho, no soporta un intruso. ¿No se da cuenta que si le quita todo a Sasha, la orilla a que más pronto busque otro hombre que la ayude? Si él mismo ha dicho que es una magnífica madre y le consta cómo defiende a sus hijos ante cualquiera, cómo va a dejar que los despojen. Muy contradictorio. Y más cuando la tacha a ella de mala administradora, ¡si todos sabemos lo mal que Jolopo administró el país y sus propias finanzas! Mira ahora cómo está, dice que vive apenas con 26 mil pesos restantes de su pensión y que sus hijos mayores lo están ayudando. Y en *Ventaneando* sacaron a colación que él debe medio millón de pesos al doctor Hamdam. Qué vergüenza, Eli. A mí me da pena deber un peso.

–Sasha misma no puede garantizar lo que su marido haga con la venta de esa casa porque del dicho al hecho, hay un gran trecho. Teme que él cambie de parecer bajo las presiones que ejercen sobre él José Ramón, Carmen Beatriz y Paulina. Ella confía en que no proceda la revocación debido a que el esposo tendría que probarle conductas de adulterio, violencia familiar, abandono de obligaciones alimentarias y otras causas graves.

–¡Ay, cuidado! Si precisamente Jolopo acusa a su esposa de haberlo tratado con la punta del zapato.

–Sí, nada más que el artículo 278 del Código Civil del D.F. señala que esa violencia familiar de la que se queja don José, debió haberla denunciado dentro de un periodo de seis meses siguientes al día en que se conocieron los hechos.

–Pues sí que se le paró el reloj al golpeado demandante.

–La exactriz confía en que se vayan a tierra todos los argumentos en su contra: "La forma más fácil de poner una demanda de divorcio cuando no hay causales de peso es por golpes e insultos. ¿Cómo es posible creer que supuestamente aguantó tantos malos tratos de mi parte durante seis años, si estaba custodiado por miembros del Estado Mayor Presidencial, quienes lo hubiesen defendido, además de tantos empleados dentro de casa?".

–¡Así que durante un sexenio recibió maltratos! Si bien lo recuerdo, se casaron por la Iglesia el 16 de junio de 2000. Por doquier vimos fotos en que el novio se ve felicísimo, hasta parecía sano. ¿Cómo aceptó casarse, ante Dios, con su verdugo? Luego, cuando regresaron de Houston, de la operación a corazón abierto, ¿a poco Sasha le puso una pistola en la espalda para que Jolopo la halagara tanto, declarando que gracias a ella volvió a respirar?

–Precisamente, en su contestación a la demanda, Sasha mostró al juez fotos de Houston donde se ven muy unidos, junto con Nabila y Alejandro. Está dispuesta a mostrar decenas de publicaciones en que su marido la halaga públicamente. Y mostró el libro ya impreso: *Ochenta, de mi vejez agujereada* (C.V. Ediciones, 2001). El autor suspendió momentáneamente la publicación para agregar más, pero Sasha tiene un ejemplar que le regaló. Al final, don José concluye que "de todas las instituciones que había vivido, la del matrimonio es la que realiza la perfección en salud y enfermedad, de la convivencia y en donde la pareja supera por sublimación, su relación, de la pasión y el sexo, al amor que le tengo a Sasha".

–Quién entiende al octogenario. Pone de pretexto que ocultó las agresiones recibidas, queriendo salvar el matrimonio por el bien de Nabila y Alejandro ¿verdad?

–Lo absurdo es que ya separados, Sasha mostró una carta que le envió su esposo. Verás qué dice.

Licenciado José López-Portillo y Pacheco
Luz Saviñón 13 Desp. 903
Del Valle. México 03100 D.F.

Señora Alejandra Acimovic de López-Portillo
Presente.
Querida *Sasha:*

Por el presente te agradezco me hayas tenido la deferencia de remitir al domicilio que provisionalmente ocupo con mi hermana la señora *Margarita López-Portillo y Pacheco, los recipientes conteniendo diversos artículos de vestir, desde ropa interior hasta trajes y aditamentos, que me guardabas en nuestro hogar agradeciendo igualmente el envío del automóvil Borgwar de modelo bastante antiguo que para mí tiene y merece un especial afecto por haber estado ligado con mi padre don José López-Portillo y Weber.*

La ropa en cuestión y el antiguo vehículo me resultan tan sólo de utilidad pero, a la vez, varios de esos artículos me traen recuerdos inolvidables de los años felices que compartimos y de los cuales quedan como declaración de amor nuestros hijos Nabila y Alejandro, a quienes tengo y tendré siempre en lo más profundo de mi ser ya que como alguien señaló, son pedazos de carne, mitad tú y mitad yo.

Tú, en lo particular, eres y seguirás siendo mi esposa, merecedora de amor y respeto por el apoyo incondicional que siempre me prestaste y sé que la corta distancia que nos separa es meramente transitoria si así lo consideras en íntima comunión espiritual conmigo y nuestros menores hijos, por lo que te pido reencontremos feliz solución a nuestras pequeñas e inexplicables diferencias, quedando en tanto tan unido a ti y a nuestros hijos como en todos y cada uno de los segundos de mi existencia. Rúbrica.

Ada, asombrada, exclamó que se rinde ante los extremosos sentimientos de Jolopo. Después de pedirle una reconciliación, le envía el regalito de la demanda de divorcio necesario. A lo mejor fue un truco, un chantaje para que lo dejara ver a sus hijos. Lo más triste de este dramón, precisamente, son Nabila y Alejandro...

–Tienes toda la razón. Ellos han visto al papá dos veces. Su hijo Alejandro ya no lo quiere ver más. Sasha asegura que a sus casi 13 años de edad, a pesar de que le duele lo que sucede, está actuando con un razonamiento que ya lo quisieran tener muchos hombres. Nabila, quien tiene ahora 17 años, está indecisa en seguir viéndolo. La jovencita se está fortaleciendo con apoyo psicológico, mientras la mamá confía en que están entendiendo bien la situación. Por cierto, te cuento que en la primera entrevista con Sasha, le pregunté si le gustaría que alguno de sus hijos se dedicara a la política, a lo que exclamó: "¡No! Ni tampoco a la carrera artística, a la actuación. Me encantaría educar a mi hijo en Wall Street. En cuanto a mi hija, está demostrando talento como dibujante. Lo heredó de ambos, ya que yo también he pintado cuadros que tengo en mi casa de Temixco".

–Oye, después de que el Juez Séptimo de lo Familiar ordenó que les practicaron exámenes psicológicos a Nabila, Alejandro y a sus papás para apoyar las pruebas presentadas por la pareja en cuestión, vi en la tele que Sasha estaba muy molesta debido a que su marido presentó como testigos, para apoyar sus declaraciones, a elementos del Estado Mayor Presidencial.

–Sí, ella cree que miembros del ejército mexicano no se deben prestar a ser testigos, ya que están al servicio incondicional de un expresidente. Además, me dijo que otros dos testigos que llevó su marido son empleados de la compañía Arges, cuyos dueños son los hijos mayores. Ella piensa que el más temible es el enfermero Javier Adrián Bonilla: "Yo saqué a ese muchacho del Hospital Ángeles para que cuidara a Pepe. A Javier lo quiere tanto mi marido, que hasta le dio 300 mil pesos para que se comprara una casa y yo también le conseguí otra en Chalco. Ganaba 3,000 pesos mensuales y ahora mi marido le paga 20,000. Cuando llegaban charlatanes a ofrecerle a Pepe curas milagrosas, él las tomaba a escondidas de mí, en complicidad con Javier. Yo descubría esas trampas cuando mi esposo se ponía mal por los efectos negativos. Bonilla me ha difamado, además de llevarse mi coche, que no me ha devuelto. Estoy decidida a demandarlo por falsedad en sus declaraciones y robo de auto".

–Primero hay que ver si Sasha gana las cuatro demandas en su contra.

–Don Guillermo López Portillo y Vernon está muy confiado en que Sasha tiene los elementos necesarios para ganarlas todas. En el caso de que los jueces muestren un injusto favoritismo hacia los López Portillo, Sasha está dispuesta a acudir a la ONU, cuya Comisión de Derechos Humanos expuso en un reporte especial que el sistema judicial mexicano está lastrado por una corrupción generalizada.

Las amigas pusieron atención en una reflexión que Sasha dio al Juez en su contestación y que deja muy claro su pensamiento: "Así las cosas, que mi propio esposo me amenace con dos juicios más resulta triste, pero carente de importancia, ya que mis hijos me obligan hasta que el cuerpo aguante y Dios disponga... Confío absolutamente en la Justicia Mexicana y ni la influencia ni el dinero deben bastar para convertir en una madre y sus dos pequeños hijos, en payasitos de esquina. No en balde anunció José Ramón López-Portillo y Romano que 'no descansaría hasta dejarme sin un centavo', lo que ya está sucediendo aprovechando el dominio que ahora ejerce sobre el padre; pero soy una leona para defender a mis hijos y al final, la justicia triunfará".

Lo que usted diga, señor presidente

Ante la conciencia, quedan cuentas pendientes. Saldos, facturas. La vergüenza de quedarse sin recursos. Despertarse para comprobar ese refrán que dice: "Cuando el dinero se acaba, el amor se sale por la ventana."

José López Portillo y Pacheco ha defendido sus razones, una vez acabado el sexenio de: *Lo que usted diga, señor presidente.* En su soledad, pensó en aceptar la fatalidad de los ciclos que lo atañían y de lo que le llegó: "El alud de mierda y golpes de toda índole a mi honra, mi fama, mi familia, mis muertos y mis amigos. Destruirme para construir sobre mi desprestigio. Aprovecharon hasta mi silencio, cuando era mi forma de seguir sirviendo. Gente que consideré muy menuda y de segunda creció ante su autoestima, diciendo lo peor, cuando antes no se atrevían ni a mirarme".

Entraba a la tercera edad, 62 años, cuando el estrépito, el vacío y el silencio le sobrevinieron al dejar el poder. Su voluntad se empeñó en aguantar y se desahogó pintando un cuadro grande y negro: *La risa de la Dignidad Humana.* Con este óleo se reía en la mitad del Cosmos, entre estrellas, soles y galaxias en espiral: "En primer lugar me reí de mí mismo, tan angustiado y enojado con mis contemporáneos. Y de ellos me reí; de los que me desgarraban con adjetivos, calumnias, mentiras y difamaciones. Me reí de los que me despellejaban, y de mis pellejos y vanidades, de los que me voltearon la espalda, de los que me ladraron, de los que me traicionaron y con ello recuperé mi dignidad".

Tenía muy presente, testificó en su libro *Umbrales,* que días antes de entregar el poder, el colaborador más íntimo de su sucesor (Miguel de la Madrid), en una cena en que invitó a su primogénito (José Ramón), le anunció: "En lo personal, amistad; en lo político, para estabilizar al país, tendremos que fregar a tu padre". Hizo hincapié en que ese colaborador sufre, a su vez, su propio calvario actual. Y con su muerte política, dijo haberse transfigurado, por su libre arbitrio, en lo que se le pegó la gana y se largó del país. Pasó así, "el umbral de la Europa, que está en mi biografía genética". De regreso, esa enorme pintura con la risa como resignación y consuelo, la veía y contemplaba en una de las salas de la mansión en Cuajimalpa, "preciosamente enmarcada gracias a las comprensivas y amorosas manos de mi esposa Sasha". Le contó a don Q (ese personaje inventado en su adolescencia mismo) que se trataba de "una gran carcajada que llena el vacío del éter, una gran risa que es la respuesta a las preguntas que no tienen contestación".

–Si alguien se ríe de las cosas que no tienen remedio y hasta se burla de los fracasos, ésa soy yo, nada más que lo hago con los pies en mi adorada tierra y no en las galaxias —filosofó Ada, mientras le ayudaba a María Elisa a unir las piezas más significativas o sorprendentes del rompecabezas de los últimos treinta años de don José, ese anciano que se ha negado a permanecer callado. Y presintió:

–A lo mejor hasta se va a reír y carcajear de nosotras.

Observaron una foto reciente del aludido (7 de marzo de 2002) en la cual, muy orondo, exhibe una botella de tequila que tiene impresa su imagen, montado a caballo, con auténtico traje de charro.

–Una marca de tequila añejo que lleva su nombre —señaló la reportera, recostada en su alfombra para seleccionar datos. Don José explicó que esa foto de la etiqueta se la tomaron en el lienzo charro del Campo Marte el 16 de junio de 1979, día en que cumplía 59 años de edad y aún era presidente.

–Tiempos aquellos, señor presidente. ¿Y cómo le haría para tener su marca de tequila si dice que ya se le acabaron las reservas? Reservas de dinero, claro, no de tequila.

–Precisamente dijo que la iniciativa de emprender este negocio derivó de la situación económica angustiosa que enfrenta.

–¿Cómo te puedes lanzar a un negocio sin un capital, aunque sea pequeño, que te respalde?

–Aclaró que no ha invertido nada, que tanto él como Javier Martínez Salinas estaban consiguiendo créditos. Solamente ha empeñado "su nombre y el prestigio que pudiera tener, con las consecuencias que ello implica". Y dijo que será elaborado por la empresa tequilera Géminis II (su signo del Zodiaco), fundada hace un año por él y Martínez.

–Con ganas, pero sin lana. De ésas, me sobran a mí.

–Sin el supuesto crédito en la mano, hablaron de una producción mensual de 12 mil botellas y un precio al consumidor de 950 pesos. Martínez Salinas tiene la expectativa de comercializar ese tequila en los mercados de Alemania, España, Holanda y Japón, con lo que generarán 100 empleos directos y poco más de 300 indirectos. Pero ese nueva marca *Don José López Portillo* ni siquiera contaba entonces con el registro oficial ante el Consejo Regulador del Tequila y la Cámara Nacional de la Industria Tequilera, presidida por Francisco González, quien declaró ese mismo día al diario *Reforma* que ni siquiera conocía el proyecto.

–Suena muy hablador el tal Martínez, si ni siquiera sabe si pegará el producto en México.

–Precisamente el primo de Jolopo, el licenciado López Portillo y Vernon, asegura que Martínez Salinas es un vividor que no tiene ni un quinto, que inclusive le debe a este abogado medio millón de pesos de un negocio que no fructificó. Es más, tiene conocimiento de que Javier encampanó a Guadalupe Infante Torrentera con un tequila que llevaba la fotografía de su papá, el ídolo Pedro Infante. Y lo único que hizo fue sacarle dinero.

–Francamente, yo creo que un tequila con la foto del popular Pedro Infante hubiera funcionado más que el de Jolopo. Oye, yo vi en la tele que Sasha comentó que no le parecía digno para un expresidente prestarse a sacar una marca de tequila y más con ese socio de tan malos antecedentes. Y por ello dijo que no le quedaba entonces más remedio que sacar luego ¡una sangrita que llevara el nombre de *Sasha viuda de López Portillo!* Qué buena puntada —dijo Ada entre risas que contagiaron a la amiga.

–Hace unos días, el 29 de abril, busqué el tequila *Don José López Portillo* en la prestigiada distribuidora de vinos y licores La Europea, donde me dijeron que ni conocían tal marca. Entonces llamé a casa de Margarita, la hermana con quien vive don José. Su secretario, el señor Cuervo, explicó que solamente se había vendido una producción limitada, pero ya se había firmado el contrato de distribución y ya estaba registrado, de modo que pronto se daría a conocer su salida al mercado.

–Mejor que le reporte ganancias al preciso, en lugar de frustraciones, que ya tiene de sobra. Si es que en efecto, como lo dijo en la tele, quiere aumentar el patrimonio de sus hijos Nabila y Alejandro.

–Ojalá. Me llamó la atención que don José dijo que retomaba el vínculo de su familia con esa industria que calificó como la más exitosa del campo mexicano.

–¿Así que el tequila le viene en la sangre?

–Eso precisamente me puse a investigar. Encontré en la biblioteca del Museo Nacional de Antropología e Historia, una deliciosa novela "bordada en un viaje", de su abuelo, José López Portillo y Rojas, titulada *Nieves* (nombre de una bella campesina que era víctima del acoso del cacique de la región). Un relato que incluye vivencias familiares. Este escritor y político nació en Guadalajara en 1850 y solía pasar unos meses del año en Tequila, Jalisco, asiento de los negocios de su abuelo materno, propietario de tierras y fabricante de alcoholes. Por ello, su madre, María Rojas, era originaria de Tequila. De hecho, ese abuelo llegó a ser el más famoso fabricante de alcohol que hubo en el Estado: se calculaba que tenía más de 3 millones de plantíos de mezcales. La fortuna fue cuantiosa, pero los revolucionarios de uno y otro bando en tiempo de la Guerra de Reforma la mermaron considerablemente, hasta que se acabó.

–Más que agave, creo que Jolopo heredó el gusto por la literatura.

–Que no te quepa la menor duda. Ese abuelo paterno fue director de la Academia Mexicana de la Lengua y produjo numerosos escritos históricos, políticos y jurídicos, pero las novelas le dieron un gran prestigio, como es el caso de *La parcela,* que se anticipa a la novelística agraria revolucionaria. Y su papá, José López-Portillo y Weber, participó activamente en la expropiación petrolera de 1938. Escribió *Historia del petróleo en México*, sin saber, claro, que el petróleo sería tanto la gloria como el desprestigio de su hijo. Otras de sus obras fueron *Dinámica histórica de México* y *La gran Tenochtitlán.*

–Ah, deduzco que con ese libro de su papá sobre los aztecas, Jolopo se ha de haber inspirado para crear su llamada fantasía literaria *Quetzalcóatl*, la primera de su cadena de obras, a las que está muy atado, cual confesionario. ¿Y por qué les iría tan mal en la política al papá y abuelo, como te lo dijo Margarita, "esa madrastra que a todos trata mal"?

–El abuelo fue un abogado que vino a radicar a la capital de México en 1902, para trabajar en la Secretaría de Relaciones Exteriores. Debido a que era reyista de corazón colorado y el entonces presidente Porfirio Díaz persiguió a los seguidores de Bernardo Reyes, lo calumniaron de malversación de fondos, por lo que estuvo injustamente encarcelado seis meses. Cuando entró Francisco I. Madero al poder, aceptó la postulación para gobernador de Jalisco por el partido católico. Ocupó este cargo de 1911 a 1913, año en que su paisano Victoriano Huerta traicionó a Madero. Aceptó entonces ser secretario de Relaciones Exteriores, ¡dentro del gabinete de Huerta! Por un problema con este dictador, quien lo persiguió para encarcelarlo, anduvo en la fuga entre sobresaltos hasta 1916 en que se acogió a la amnistía que proclamó Pablo González. De ahí en adelante, por supuesto, no quiso saber nada de la política: prefirió dedicarse a la enseñanza y a la literatura.

–Oye, en medio de estas contradicciones de maderista y huertista, ¿con quién se casó y cuántos hijos tuvo?

–Se casó primero con María Gómez Luna en 1875. Tuvieron tres hijos: Blanca y los gemelos Jesús y Felipe, los cuales murieron poco después de nacidos. Siete años después, cuando era senador en Jalisco, se casó con Margarita Weber, originaria de Tepic. Y no vas a creer, ¡procrearon diez hijos! O sea, que el exmandatario tiene cientos de parientes.

–Estoy pensando que a Jolopo no le preocupó mucho durante su sexenio honrar la memoria de su abuelo ¿verdad?

–Otro se ocupó de eso. Resulta que durante una de mis visitas a mi tierra, Guadalajara, me enteré que existe la Casa Museo López Portillo. De volada fui a conocerla; estaba muy interesada en encontrar toda clase de datos familiares. Se trata de una casa en el mero centro de la ciudad, que refleja la arquitectura afrancesada que prevalecía a fines del siglo XIX. Ahí, en efecto, vivió el abuelo José López Portillo y Rojas. Nada más que la única referencia es un pequeño retrato al óleo del bisabuelo de Jolopo, Jesús López Portillo y Serrano, quien también fue gobernador de Jalisco bajo los auspicios de Maximiliano de Habsburgo, ya que don Jesús fue uno de los conservadores que apoyaron la entrada al país de este polémico austríaco de sangre azul, que fuera emperador de México.

–En todas las familias siempre se encuentra de todo, nada más hay que rascarle tantito. Pero entonces, ¿qué más se exhibe en ese cantón?

–Me contó una sonriente y solícita empleada del museo que esa casa fue saqueada durante la Revolución, de modo que quedó en un estado lamentable. Cuando don José llegó a la presidencia de la República, el entonces gobernador de Jalisco, Flavio Romero de Velasco, quiso halagarlo de modo que le pidió al presidente municipal Arnulfo Villaseñor que buscara la forma de hacerlo, que rastreara sus raíces tapatías. Y dieron con esa casa que inmediatamente compró el municipio y remodeló en forma impecable. Nada más que no había ni pío adentro. Por lo tanto, se convocó a las familias de abolengo a que donaran muebles antiguos para recrear el ambiente de esa época. Hubo mucha cooperación, porque ahora se pueden apreciar cuadros, adornos y mobiliario ad hoc, de finísimas tallas, en los seis salones principales que rodean un amplio hall de vistosas columnas y techo con domo que filtra luz solar a ese conjunto. Ahí, la directora del museo suele llevar a cabo eventos culturales, sobre todo literarios.

–Mira nada más las ganas de Flavio y Arnulfo de levantarse el cuello ante el señor presidente, armando muy bien un imaginario escenario que rodeó a José López Portillo y Rojas. Y aparte del retrato que viste de don Jesús, ¿a poco no tienen nada que perteneciera al que habitó este lugar?

–¡Nada! Sólo ofrecen al público una copia fotostática con datos escuetos de ese escritor bien parecido, que se distinguía por un tupido y largo bigote engomado que rebasaba las mejillas.

–Francamente, qué poca consideración de Jolopo y hermanas de no cooperar donando siquiera su retrato y algunos libros; aunque fueran unas cartas, un pisapapeles, una corbata, un chaleco, un calcetín con todo y zapato, caray, algo.

–Voy de acuerdísimo contigo.

–¿Y que hay respecto al papá de Jolopo?

–Te platico que fue don Luis Echeverría, quien siendo mandatario condecoró al papá de su cuate Pepe, don José López-Portillo y Weber, porque había sido cadete egresado del Colegio Militar, de modo que formó parte de la escolta que acompañó al presidente Madero de Chapultepec al Palacio Nacional cuando se inició la Decena Trágica. Además de haber sido artillero voluntario contra los rebeldes de La Ciudadela. En esa emotiva ceremonia, desde luego que lloró toda la familia, incluyendo el homenajeado que aún vivía junto con su esposa doña Refugio. Además, bajo la venia de don Luis, el PRI reeditó en 1976 su libro *La génesis de los signos de las letras*, una investigación muy bien documentada acerca de los inicios de la escritura.

–Don Luis, fiel amigo. Yo creo que por eso, siendo apenas año y medio menor que Jolopo, Echeverría tiene una salud envidiable, ¡sigue entero! Y segurito que se debe a que duerme más tranquilo que su cuate, es congruente y dueño de una familia integrada, unida.

–Ni hablar. Y para acabar con la vida del condecorado cadete, sé que desertó del Ejército y fue miembro de la Academia Mexicana de Historia. Por su lado, Jolopo suele decir que su papá era su mejor amigo y resumió así su origen de estirpe virreinal: "Todos somos de una familia vieja de Guadalajara. Fuimos fundadores de la ciudad y llegamos a México hace 400 años. Y a resultas de la Revolución, que todo lo levantó, mi padre llegó a la capital de México en busca de trabajo; trajo a sus hijos en busca de educación y de seguridad que no se encontraba en la provincia. Así que yo casualmente nací en el Distrito Federal, pero me considero jalisciense".

–Ah, ahora resulta que ya no es chilango. Y tanto él como su familia andan tan ensartados escribiendo sus propios libros, que no se han preocupado por reeditar las valiosas obras de Rojas y de Weber. Y menos ahora, que por abandonar a la esposa, también abandonó su valiosa biblioteca.

–Vieras que casi se le salieron las lágrimas cuando, recientemente dijo lleno de nostalgia: "Extraño tanto mi biblioteca, con una luz preciosa, el olor de los libros y esa luz que caía como cascada".

–Yo leí en *¡Hola!* que Sasha dijo que hace seis meses (en noviembre de 2001, ya separada del marido) donó 27 mil 600 libros a Telmex y que en abril de este año, estaba dispuesta a dar en comodato todo el archivo presidencial de él y sus pinturas a la Universidad de Las Américas para que en algunos años, cuando sus hijos sean mayores de edad, puedan rescatar todo lo que es de su padre.

–Poco después, ella me dijo que esa universidad no aceptó el comodato que pretendía, de modo que está viendo otras posibilidades, pero que todos los libros ya estaban donados a Telmex. En su contestación a la demanda de divorcio, acredita, con el instrumento notarial respectivo, que la biblioteca le fue vendida por su esposo y, consecuentemente es de su propiedad. Este hecho le ha molestado grandemente al primogénito, quien cree que tenía el derecho legítimo a heredarla. Sasha aclara que no vendió, como lo supone su esposo, sino que donó los libros.

–¿Y Jolopo dice algo en su demanda respecto a los libros que sacó José Ramón?

–Fue la primera queja que vertió. Así inició su lamentable: "Yo acuso". Contó que al principio se llevaba bien con Sasha, pero sus actitudes y comportamiento determinaron que se fuera alejando de sus hijos mayores, a quienes siempre ha amado profundamente; con amenazas logró separarlo de ellos, hasta el extremo de prohibir verlos. Lo mismo ocurrió con muchos amigos y parientes que corrió de la casa en diversas ocasiones. Al sufrir la embolia cerebral en 1995, Sasha lo sacó del Hospital Central Militar para internarlo en el Hospital Ángeles del Pedregal. Este hecho determinó que ella estuviera convencida de haberle salvado la vida, circunstancia que le subrayaba en cada disgusto consecuente hasta convertirse en un reproche habitual. Y sumado a otros hechos que narra, le hicieron insoportable la vida conyugal. Admite que aunque ella lo asistió en su enfermedad y convalecencia en forma ejemplar, a los escasos seis meses se cansó de atenderlo. Debido a que sus ingresos se mermaron considerablemente a causa de ser un enfermo minusválido, esto fue un reproche más a los muchos que le hacía de injurias, amenazas, malos tratos y hasta golpes. Y empezó con el primer hecho concreto: "Antes de contraer matrimonio (por lo civil con Sasha) le regalé a mi hijo José Ramón los libros que fueron de mi padre y de mi abuelo, de la biblioteca que había formado. Con todo derecho, mi hijo tomó 163 libros que le había regalado y por ello entró a mi casa con legítimo derecho, ya que cualquier hijo puede entrar y salir sin permiso a la casa de su padre. Aunque en el caso, ello molestaba a mi esposa que acabó por prohibir la entrada a mis hijos y amigos argumentando que la casa era de ella, debido a que al poco tiempo de sufrir la embolia, accedí a donarle la propiedad que fuera mi casa".

–Ahora resulta que fueron nada más 163 libros y no los 498 que dijo Sasha. Bueno, lo importante es que esta versión fue muy diferente a la que él mismo dio en *Milenio*. Una cosa es entrar a la casa y otra es llevarse las cosas sin decir agua va, en ausencia de ambos. Había que pedirle permiso a Sasha, que ni es la mamá consentidora de José Ramón y tampoco tomó en cuenta que en esa casa también vivía ella. Y más, es suya.

–Yo no permito que mis propios hijos se lleven algo de mi casa sin permiso, ni ellos se atreverían hacerlo porque son muy educados y respetuosos. Volviendo al asunto, don José alegó también que Sasha, en su nombre, presentó una denuncia penal en contra de su hijo, sin su consentimiento, estando él en la ciudad de Los Ángeles, California, recibiendo una terapia. Se aclararon los hechos y ante el cónsul de México en esa ciudad, se desistió de la demanda y su hijo José Ramón devolvió los libros ante notario público, a fin de evitarle problemas. "El que me desistiera de la demanda irritó a mi esposa y a mediados del mes de abril de 1996, ante mis hijos Nabila y Alejandro y mi enfermero Javier Adrián Bonilla López, me reclamó airadamente gritándome 'traidor, poco hombre' y a continuación me golpeó con el puño cerrado en la espalda, sin importarle la convalecencia que padezco. La intervención de mi enfermero y los gritos de mis hijos impidieron que me siguiera golpeando".

–De ser esto cierto, las cosas se empezaron a poner color de hormiga.

–El lastimado marido continuó diciendo que las injurias de su esposa hacia él se repitieron constantemente, originando un continuo motivo de desavenencia conyugal. La situación se fue agravando al extremo de que las agresiones se daban con frecuencia cotidiana, ocurriendo delante de la servidumbre de la casa o de las visitas que ahí se encontraban. Como, por ejemplo, cuando lo visitaron los arquitectos Rafael Acosta Huerta y Jorge Martínez González, presenciaron injurias verbales de ella en su contra en diciembre de 2000, frente su enfermera María de los Ángeles Dolores García Toledo y de su enfermero Javier.

–Esos arquitectos son los que dijo Sasha que trabajan para la compañía Arges, cuyos dueños son los hijos mayores, ¿verdad?

–Claro. Por cierto, José Ramón, quien vino desde Inglaterra, Carmen Beatriz y Paulina acudieron al Juzgado Séptimo de lo Civil para desahogar pruebas a favor de su papá, pero siguen con la boca cerrada ante la prensa, se niegan a hablar. No entiendo qué es lo que quieren ocultar.

–Qué bueno que, en cambio, tú tienes la copia de esta demanda para saber lo que reclama Jolopo, su versión exacta. ¿Cuál fue la siguiente agresión que él mismo describió?

–Afirmó que en otro de los estados agresivos de su esposa, lo calificó de "traidor, poco hombre, pendejo, hijo de la chingada" y ese día tomó el teléfono por el alambre y lo proyectó sobre él, sin importarle dónde podría golpearlo, ni la fuerza del golpe: "En esos momentos me encontraba con tratamiento de anticoagulantes y las consecuencias de un golpe fuerte y severo con algún objeto contundente eran muy graves, sobre todo en la cabeza, lo que era del conocimiento de la hoy demandada, ya que conocía mi precario estado de salud. Sólo la intervención oportuna del doctor Eduardo Guerrero Villaseñor, que se encontraba en ese momento, evitó el golpe en mi cabeza. Sin embargo, el teléfono golpeó mi mano izquierda, afectada por la hemiplejia, produciendo una inflamación notoria y peligrosa, alterando mi salud y poniéndola en riesgo de agravar todavía más mi estado físico. Este hecho también lo presenció mi enfermera María de los Ángeles.

–¡Imagínate! Toda una figura presidencial insultada y golpeada. Así que ese heroico doctor evitó el golpe en la cabeza, sin ordenar que se trasladara a otro sitio o a un hospital, lejos de la agresora, ni tampoco denunció el hecho ante la gravedad del asunto, ¡si los médicos y enfermeros tienen la obligación de proteger a los enfermos! Y si Jolopo dijo que Sasha lo desatendía, entonces cómo podría saber que tomaba anticoagulantes. Más que nada, ¿cómo fue posible que después de esto, siguiera ahí, tan masoquista, dispuesto a recibir los golpes y groserías que le cayeran durante nueve meses más? Me doy.

–Don José afirmó que disimuló el maltrato y desamor de los que era objeto por parte de su esposa debido al amor que le tenía a ella y el inmenso cariño a sus hijos Nabila y Alejandro. De modo que decidió continuar la vida familiar. Como las agresiones verbales siguieron de forma violenta, su enfermera María de los Ángeles y su enfermero Javier medían su glucosa, así como la presión sanguínea, encontrando que habían subido su nivel y lo consignaban en la bitácora médica, como era su obligación. En la primera quincena de enero de 2001, su esposa se enteró de dichos registros y confiscó la bitácora, además de despedir a la enfermera. Javier recibió una llamada de atención, lo que ocasionó que dejara de escribir en la bitácora cualquier alteración de su salud, producto de aquellas agresiones.

–Si el señor es diabético, los enfermeros estaban obligados a llevar ese registro. Cuánta inexplicable sumisión.

–Otro hecho muy violento, dijo el demandante que acaeció el 23 de marzo de 2001. Se internó en el hospital en ausencia de su esposa, acompañado de su pariente José Guillermo López-

Portillo y García Rojas, quien visitaba habitualmente la casa. Llegaron al Hospital Ángeles y con su tarjeta se hizo responsable de la cuenta. Cuando se enteró Sasha, al arribar al hospital se molestó tanto por la presencia como por el hecho de que José Guillermo hubiera puesto su garantía para que fuese internado, que lo sacó a golpes de la suite, increpándolo duramente con un "ya no te metas en nuestra vida". Cuando el marido protestó, la esposa lo golpeó en el rostro con el puño cerrado y le dijo: "Tú cállate, pendejo". Dijo que, desde luego, su primo se fue dolido y desconcertado. Esto sucedió ante enfermeras cuyos nombres ignora, aunque el escándalo fue mayúsculo, por lo que se enteraron también doctores.

–A final de cuentas, no tiene testigos del golpe de su amada torturadora. Pobre hombre, sus testimonios dan lástima. Se muestra como una víctima incapaz de defenderse, con tantos soldados y empleados a su alrededor.

–Más lástima sentirás con el resto de episodios violentos que narró el sacrificado marido. Otro ocurrió en mayo de 2001, en Houston, Texas, donde lo operaron a corazón abierto. A los pocos días de la intervención, Sasha le gritó: "Me has cagado la vida, no sé por qué no te moriste". Lo dijo delante del enfermero Javier Bonilla, quien viajó a esa ciudad para atenderlo.

–Así que ella lo llevó a que le salvaran la vida y luego se extrañó de que no se muriera. Entonces, ¿por qué tanto en Texas como de regreso en México, él halagó tanto a Sasha asegurando que le salvó la vida? ¿Para que no lo siguiera golpeando? Y todavía, meses después, en su libro *Ochenta* la puso por las nubes. ¿Así nos gobernó, diciendo una cosa y ocultando otra?

–Tampoco yo lo entiendo. Sigo con el increíble relato. Después de esa operación, regresó con ella a México (23 de mayo de 2001). "Unos días después, Sasha salió a New Port, California a tratarse, según dijo, una lesión en la cadera, lo que no era cierto. En realidad se fue a vacacionar a la ciudad de Las Vegas, Nevada, donde fue vista por varios conocidos que estaban de paseo en esa ciudad, como la señora Leticia Cárdenas de Martínez Manatou, en el Hotel Venetian, el día 5 de junio de 2001, por la noche. Además, recibí las cuentas de la tarjeta de crédito con los gastos que ella hizo en esa ciudad y que presento. Todo esto acredita que me dejó en completo abandono, no obstante que convalecía yo de tan delicada operación."

–Por fin, ¿quién abandonó a quién? Con el ejército de gente que tenía a su servicio, enfermeros y sus hijos Nabila y Alejandro, ¿se sintió abandonado? ¿No había dicho ya que Sasha no lo atendía? ¿Para qué la quería tener a su lado si lo agredía tanto?

–Aparte de que la exactriz confirmó que sí fue a Las Vegas para disfrutar el Spa, también mostró al Juez, en su contestación a la demanda de divorcio, una carta firmada por el doctor Guillermo Hamdam, fechada el 10 de mayo de 2001. Te la muestro.

Querida Sasha:

Ahora que tengo que regresar a México, tranquilo por el éxito de la operación del Lic. López Portillo, me voy muy preocupado por tu salud.

Encuentro que tienes demasiado dolor en los sitios de lesión en tu columna cervical, dorsal y lumbosacra además de las articulaciones coxofemorales que entre paréntesis, no han mejorado con reposo, termoterapia y analgésicos, y segundo, casi más importante: un profundo estado de angustia y depresión.

Para el primer problema, te suplico visites al doctor Tharp en la Scripps Clinic en San Diego, para pedir su opinión, ya tienes las de los médicos mexicanos que ya te han informado la severidad de tus lesiones y el tratamiento que debe seguirse. Para el estado de angustia y depre-

sión, antes que se profundice, y como consecuencia de los múltiples momentos difíciles que has tenido en la enfermedad del Lic. López Portillo, te sugiero tomes unos días de descanso, eres una mujer con un espíritu de lucha enorme, pero ahora, sí te veo resquebrajada. Ojalá lo hagas pronto.

Tu amigo, G. Hamdam

–¿Y cuándo ha reconocido Jolopo que su esposa también padece de una convalecencia? ¿No se dio cuenta de su depresión ante tantos problemas? Sólo se ve y se compadece de sí mismo. Oye, ¿cuál será su versión del encontronazo de su familia con Sasha en el hospital?

–Ahí te va. Dijo que su esposa regresó a casa el 19 de junio y al día siguiente, a instancias de ella y del doctor Hamdam, fue internado en el Hospital Ángeles del Pedregal para operarlo, según dijo, por falta de circulación en las piernas. Desde ese lugar se comunicó con su hermana Margarita, quien llegó al hospital con su hija Pilar y las dos hijas del paciente, Carmen Beatriz y Paulina. Entonces, uno de los empleados que dejó en la casa para apoyo de sus hijos (menores), Antonio Pérez Hernández, trató de impedirles el acceso al elevador del hospital, afirmando que lo hacía por orden de la señora Sasha Montenegro: "Mi hermana e hijas pidieron la intervención de la administración del hospital, quien eliminó la oposición del empleado y así pudieron llegar a mi cuarto para poder verme y auxiliarme, después de una escena muy violenta y bochornosa en la que, la hoy demandada, agredió verbal y físicamente a mi familia, tratando de impedir el acceso a mi cuarto. Como mi familia venciera la resistencia de los ayudantes a los que mi esposa daba órdenes, ella, molesta, cerró la puerta". Enseguida Sasha se dirigió a la administración del hospital y firmó el documento en que se deslindó de cualquier responsabilidad con relación a la atención hospitalaria de su esposo, del cual tiene copia. Su hija Carmen Beatriz se hizo entonces responsable de él: "Estos hechos originaron que el doctor Hamdam dejara mi asistencia médica por lo que tomó mi caso el doctor Alejandro Rey Rodríguez, quien dijo que no hubo necesidad de que me intervinieran quirúrgicamente".

–Las versiones de cada uno son muy diferentes, excepto el documento que ambos admiten. ¿Y luego?

–Don José dijo que al día siguiente que salió del hospital, su esposa impidió su retorno al hogar conyugal por lo que fue acogido y protegido por su hermana Margarita en su domicilio y por sus tres hijos mayores, que lo atienden ante el abandono de su esposa. Dijo que ella se negó a entregarle su ropa y demás accesorios y con engaños le quitó la camioneta que tenía a su servicio, la cual se negó a devolverla argumentando que estaba a nombre de ella. Cuando habló por teléfono con el deseo de saber de sus hijos menores, lo injurió diciendo "qué poca madre, ya no hables por teléfono, nunca volverás a ver a tus hijos". Solamente en dos ocasiones había podido verlos antes de presentar la demanda de divorcio el 10 de diciembre de 2001. Y un mes antes en que intentó hacerlo, la demandada lo impidió acercándose a su vehículo donde se encontraba también su enfermero Javier Bonilla y un ayudante, diciéndole: "Te vas a morir en diciembre, toma tus precauciones". Ese mismo día, lo injurió por teléfono diciéndole "hijo de puta, no volverás a ver a tus hijos", frase que le consta a Bonilla porque el teléfono tenía activado el altavoz.

–En todas estas declaraciones, Javier Bonilla siempre estuvo presente, o sea, que es el testigo clave. Y Sasha te dijo que estaba muy bien recompensado económicamente por su patrón. Con razón ella lo va a demandar por falsedad en declaraciones. Y esa camioneta a la que se refiere, ¿qué onda?

–Sasha la tiene. Me dijo que ni siquiera es nueva, es una camioneta Blazer que ella compró hace seis años. La necesita para transportar a sus hijos. Me parece el colmo que el expresidente pelee también por esto.

–En cambio, ella le mandó al marido el viejo y querido automóvil del papá, con todo y sus chivas, como él mismo asentó en esa carta en que dijo que seguía muy unido a ella.

– Y para acabar con este rollo, luego vinieron los líos de los pagos mensuales para la manutención de los hijos que ya comentamos. Con todos estos argumentos, don José acusa a la madre de sus hijos de sevicia y violencia familiar.

–Esa palabrita, digo término legal, de sevicia no la he oído mentar, ¿qué es eso?

–Sevicia significa malos tratos de obra, por vía de hecho, de uno de los cónyuges al otro. Así, Jolopo pide cinco prestaciones: *1*) la disolución del vínculo matrimonial; *2*) la regulación de convivencia con Nabila y Alejandro; *3*) la revocación de la donación de la casa que hizo a favor de su esposa para que el importe por renta, venta o cualquier otra disposición del inmueble se utilice para la manutención y educación de los hijos; *4*) se decrete que la pensión alimenticia sea de 60 mil pesos y *5*) el pago de los gastos y costas que el presente juicio origine.

–¡Además ella tendría que pagar los gastos del juicio que él levantó en su contra! ¿Lo tendría que hacer con parte de la pensión alimenticia a los hijos? Qué bárbaro.

–Por su parte, Sasha solicitó tres prestaciones: *1*) la reintegración del esposo al hogar familiar; *2*) el necesario sometimiento a los cuidados médicos, administración de medicinas y todo lo necesario para la conservación de la salud de su marido ya que su enfermedad está indebidamente atendida y corre peligro no sólo su vida, sino la tranquilidad y felicidad de ella y sus hijos menores y *3*) el cumplimiento de todas y cada una de sus obligaciones, dentro de sus condiciones de edad y estado físico y psíquico hacia su esposa e hijos menores.

–A ver en qué termina todo esto. Pero el mismo Jolopo dijo en *Ventaneando* no estar dispuesto a volver porque ya no podía vivir con Sasha, salvo que hubiera un cambio radical de integrarse a la familia, lo cual lo veía imposible. A final de cuentas, antepuso a los tres hijos mayores, de quienes ahora depende. Y desde luego se siente a gusto con su adorada hermana Margarita, aun cuando también dijo: "Desde luego que sigo amando a Sasha".

–A estas alturas de su vida, a los 82 años de edad, está padeciendo otro escándalo más de los tantos que él ha propiciado con sus conductas. Me queda claro lo que puede perder ella en caso del fallo de divorcio necesario a favor de Jolopo, su lucha está basada en sacar el mejor provecho para sus hijos. Pero mirando los toros desde la barrera, en lo que se refiere a él, gane o pierda la demanda, está ya perdiendo lo más importante de todo: la vida.

–Y morirá con todos los recuerdos de sus mujeres. Me imagino que irán desfilando, una a una, en esa nostalgia de mejores tiempos. No podrá volver a hacer el amor con su esposa ni con ninguna otra mujer, atado a una silla de ruedas que maneja ahora su familia a voluntad...

–Pero su mente se sigue transportando hacia los personajes míticos, quijotescos. Dijo en el programa *Séptimo Día* que está escribiendo el libro *Anquises*. Describe que Anquises es el padre de Eneas, el troyano fundador de Roma que salva a su padre de las llamas de Troya, cargándolo en hombros: "Yo estoy en este momento en una situación de Anquises, pasé de hombre enamorado, profundamente enamorado, con un amor de alguna manera senil, un amor de viejo, con todas sus limitaciones, que se vio envuelto en la vorágine de una vida con amores a destiempo; porque hay amores naturales, los amores que tienen los padres por los hijos, los hijos por los padres, etcétera. Pero un amor de un hombre viejo con una mujer bellísima y joven, es un amor difícil. Entonces puedo decir, y yo creo que con eso basta, que la vorágine de la vida arrastró a un viejo a la situación de tener como esposa una mujer muy bella y muy joven, y el viejo con incapacidades crecientes, con enfermedades que me agobian. Esto es lo que me pasa".

–¿Qué le habrá atraído más de Sasha? ¿Sólo su belleza?

–Don José aseguró: "Para mí no era una actriz ni exactriz, era una mujer hermosa e inteligente a la que tuve acceso y con la que pude relacionarme, porque siempre me han gustado las mujeres hermosas". Y respecto a su separación, dice al público: "Llegaron las cosas a tal punto que ya no nos tratábamos con la intimidad normal en un matrimonio. Guardábamos las apariencias de alguna manera, pero ya el matrimonio había terminado. Yo fracasé como patriarca de una familia numerosa que uniera a mis hijos mayores con los menores y en cambio la tengo dividida, cosa que yo lamento más que nadie y el único culpable soy yo".

–Creo que el fondo de esto es el no haber sido claro con sus finanzas. Apariencias, apariencias, siempre quiso guardarlas, pero se le salieron de la manga. Se le iban escapando entre un escándalo y otro. Se muestra culpable de sus fracasos dentro de la familia, de sus amores, pero en cambio, es incapaz de sentir culpa alguna por los desenfrenos y abusos de su gobierno.

–Lo volvió a ventanear en TV Azteca: "Estimo absolutamente que nunca caí en tentaciones, yo tenía la enseñanza de mi padre, al que siempre adoré y respeté muchísimo y con orgullo puedo decirle a usted, aunque no lo crean ni usted ni parte de sus oyentes o videntes como los quiera usted llamar, que nunca abusé del poder".

–¿Es posible que le creamos, Eli? Recuerdo que él mismo fue el autor de la ley que prohibe a funcionarios recibir regalos. Eso fue al finalizar 1981, ¡cuando ya había recibido tantos! Se jactó entonces de vencer la gran tentación de aceptar el rancho de Tenancingo en el Estado de México, que le habían obsequiado un grupo de empresarios y políticos. Lo rechazó después de que tal obsequio había trascendido y comenzaba a ser un escándalo. Pero en cambio, aceptó gustoso la casa de Acapulco del sindicato de Pemex, la de Bosques de las Lomas del Estado Mayor Presidencial y todas esas "facilidades" para adquirir seis hectáreas del fraccionamiento La Toscana. Y la lana para comprar el rancho de Avándaro. Aumenta lo que obtuvieron todas sus amadas. En el exilio voluntario en Europa, una revista holandesa publicó que Margarita le compró a un jerezano un castillo con todo y cortijo, cerca de Sevilla. Lujos al por mayor en el viejo continente, bienes concedidos a Carmen en un saco sin fondo. Y no uno, sino muchos millones de dólares que confesó haberle dado a Sasha. Ya para qué le sigo si ni tengo la cuenta completa, esa cuenta que Jolopo esconde y ni le interesa ver.

–Le llegará la muerte sin arrepentirse de sus actos políticos, sin pedir disculpas. Precisamente la reportera lo reviró al preguntarle: ¿Por qué cree usted que no le creemos? "Porque ha habido campañas en contra y porque es un material propicio a una televisión, radio o una prensa de escándalo. De crítica natural, yo lo encuentro natural. Claro que no la disfruto, me molesta, no lo oculto, pero me lo explico como necesidad. Desgraciadamente, los medios de información están vinculados no sólo con la libertad de prensa, si no con la libertad de trabajo y la noticia es una mercancía que se vende y naturalmente se enfoca por los buenos vendedores. Se transforma o se presenta lo que se vende. Es explicable, por las libertades de que gozamos", contestó el octogenario.

–Parece que ya se le olvidó que unos días después de ser destapado, Jolopo declaró que la libertad de prensa es parte fundamental de la democracia y a finales del sexenio, dijo: "No pago para que me peguen", cuando el coordinador de prensa de la presidencia, ese tal Galindo Ochoa, canceló la publicidad a las revistas *Proceso* e *Impacto*. Acabo de encontrar este dato, querida cuatacha.

–Inclusive, sigue defendiendo la frase que le ocasionó tantas burlas: "Defendí al peso como un perro porque soy un profundo admirador de ese animal: el más leal, el más bravo, el más honesto de los animales que hay. Recuerdo muy bien cuando bajaba yo en helicóptero, todos los animales corrían y en cambio, los perros eran los únicos que enfrentaba ese monstruo. Esa frase se me ocurrió en una entrevista de prensa con extranjeros. Recuerdo que alrededor de este asunto, se hizo un chiste muy fino, recordando el lema que tiene el dólar 'In God we trust', mismo que lo cambiaron por 'In dog we trust'. Ese chiste me divirtió muchísimo. Yo estuve dispuesto a defender, con mi vida, el peso. Fracasé porque se necesitaba una jauría, no sólo un hombre, por más poderoso que fuera. Se necesitaba toda una jauría y desgraciadamente a los mexicanos nos faltó, y todavía nos falta, solidaridad. No es un reproche, es una observación".

–¿Fue solidario y congruente con sus promesas de ayudar a los pobres? —cuestiona Ada. Por algo se ganó la fama de frívolo...

–Jolopo atribuye el adjetivo de frívolo a los resentidos y envidiosos, así se lo dijo a don Q: "En el ejercicio del poder, dejé de leer, escribir lo mío y hasta dejé de oír música como antes, fundamentalmente Beethoven. Ese fue un cambio en mi vida a la que le faltaba ese riego, y obviamente me sequé y endurecí. Confieso que la actividad física en los deportes y la pasión en el amor, a los que acudía siempre que podía, aliviaban esas tensiones y me permitían afrontar al día siguiente con buen talante, paciencia indispensable y hasta humor. Tengo para mí que mi fama de frívolo nació de esas aficiones".

–Suena muy bonito, sólo que le faltó mencionar los frívolos derroches de sus allegados. Fíjate que, por otro lado, se muestra muy sereno cuando habla de la muerte, que desde luego, no es ninguna frivolidad. Dice que la acepta cuando le llegue, sabe que se perderá en el polvo del tiempo porque no cree en una vida trascendental, ¡y quiere que lo recuerden como un señor que le gustaban las mujeres! Y ya ves que ha insistido en que su único pecado han sido las mujeres, de otro modo estaría en olor de santidad. Huy, ya parece que lo van a canonizar si es ateo y, por lo tanto, ni siquiera andará paseando por la eternidad, ni entre las llamas del infierno ni en la gloria del cielo.

–Ha vivido en un enredo de creencias religiosas. Resulta que el exmandatario cree en un Dios infinitizador. A Don Q le llama la atención que Pepete, en su cultivado y persistente ateísmo, acude a Dios cuando lo necesita para algo, a lo que le responde: "Confieso que se me dificulta la concepción de un Dios personal a nuestra imagen y semejanza, y se me facilita la revelación de un Dios infinitizador (sic), por lo inagotable, sin el límite al infinito, que es mi individualidad indivisible". Don Q le contesta: "A mí me parece connatural a esta consciente conciencia esquizofrénica de que estamos hechos. Así somos, sólo hablamos y expresamos lo que somos. Libremente, por cierto, con la libertad de la punta de infinito que nos sabemos."

–Mira, de todos esos infinitos conceptos, en mi particular inconsciente conciencia, creo que en este momento, los dolores terrenales de don José son muy duros. Y no sé qué le dolerá más, entre tantas decepciones.

–Precisamente habló de dolores: "A estos años de impotencia duele todo. Cuando uno comprende que ha llegado a la declinación de la vida y que ha perdido fuerza de decisión, fuerza para actuar y que ya es irreversible, que por delante ya tan sólo está la muerte. Me duele tanto el escándalo. Me duele todo".

– Y la verdad sea dicha, que desde hace tiempo ha sabido aceptar con sabiduría la inevitable vejez.

–Yo también le admiro esa lucha por sacarle provecho a los años maduros. Rescato sus pensamientos: "Para ser viejo, hay que ser muy macho. La alternativa es peor: se es viejo o se está muerto. La vida que ahora vivo, una vida difícil, es la enseñanza que quiero transmitir de los libros escritos para viejos, los problemas de un viejo que seguimos siendo seres humanos, con pasiones, con amores, con errores, con debilidades, con tantas cosas inesperadas que lo sorprenden a uno. Pido comprensión, nada más".

José López Portillo y Pacheco insiste en no permitir que la vida lo arrolle sin resolver sus cuentas pendientes: "De los fracasos ya me he olvidado. Los éxitos sí los recuerdo. Los errores los reconozco. La vida a final de cuentas, es un saldo". Y mientras tanto, su corazón continúa palpitante: le confió al ensayista político Rafael Loret de Mola, estar enamorado ahora de una bella tapatía de 37 años de edad. Genio y figura, hasta la sepultura.

ÍNDICE DE NOMBRES

El presidente y sus amadas,
escrito por Elisa Robledo,
muestra los entretelones de un sistema
político ya extinto cuya corrupción,
contradicciones y decadencia se filtraba
hasta alcanzar las capas más íntimas
y domésticas de aquellos que alguna vez
se beneficiaron de él.
La edición de esta obra fue compuesta
en fuente newbaskerville y formada en 12:14.
Fue impresa en este mes de septiembre de 2002
en los talleres de Litográfica Ingramex, S.A. de C.V.,
que se localizan en la calle de Centeno 162,
colonia Granjas Esmeralda, en la ciudad de México, D.F.
La encuadernación de los ejemplares se hizo
en los talleres de Dinámica de Acabado Editorial, S.A. de C,V.,
que se localizan en la calle de Centeno 4-B,
colonia Granjas Esmeralda, en la ciudad de México, D.F.